Glücklich leben

… gelassen bleiben und souverän handeln

ist einfacher, als Sie denken!

von

Georg Pistorius

erweiterte 2. Ausgabe

Umschlagfoto: Georg Pistorius

Herstellung und Verlag:

BoD – Books on Demand, Norderstedt

ISBN 9 783746 018652

Glücklich leben

… gelassen bleiben und souverän handeln
ist einfacher, als Sie denken!

Georg Pistorius

Zu meiner Wenigkeit sei vorab kurz angemerkt, dass ich vor zunehmend vielen Jahren in Nordhessen geboren wurde. Nach meinem Schulbesuch und anschließendem Studium in der südniedersächsischen Universitätsmetropole führte mich mein Referendariat wieder in meine Heimatstadt zurück. Hier lebe und arbeite ich als selbständiger Rechtsanwalt, Hobby-Leserbriefschreiber und Autor.

Meine Ausbildung zum Verhaltenstrainer und Mediator mit den Themen Streßbewältigung, Verhaltenstraining, Kommunikation, Konfliktlösung und Mediation hatte mich dazu inspiriert, unter dem Titel „Glücklich (er) leben" erste Zeilen zu veröffentlichen, die ich nun vorliegend um einige Ausführungen und Gedanken ergänzt habe.
Selbstverständlich kann dieses Buch keine Ausbildung zum Verhaltenstrainer, Konfliktberater und/oder Mediator ersetzen (sondern diese allenfalls ergänzen, als „kleines Buch zum Seminar" sozusagen). Denn einerseits gehe ich hier nicht auf alle jeweiligen Ausbildungsinhalte ein. Andererseits ist es aber auch ungleich lehrhafter, die Erkenntnisse während eines Seminares selbst zu erfahren, als diese nur durch die Lektüre der Theorie auf diesen Seiten aufzunehmen. Dennoch wird jede Beschäftigung mit den Themen sicherlich auch Sie verändern, Ihre Sichtweise der Dinge, Ihre Einstellungen und Ihr Verhalten … Ihr Wohlbefinden.

- Einstellungen ändern
- Rituale bewahren
- Farbenfroh leben
- Glückstagebuch schreiben
- Die „Fünf-Minuten-Regel"

IV.   Das Miteinander

- Die Signale der Kommunikation
- Die Teilnehmer der Kommunikation
- Die Antwort
- Das „Ja" hinter einem „Nein"
- Das „Dankeschön"

V.   Schaffen Sie sich ein entspanntes Umfeld

- Gewaltfrei kommunizieren
- Konflikte klären
- Fragen kann nicht schaden
- Frieden stiften

PS: PS: Exkurs zur Rechtschreibung
Quellennachweis / Literaturhinweise
Ihre persönlichen Notizen

Fühlen Sie sich zuweilen gestresst oder genervt? Von der täglichen Hektik ergriffen und mitgenommen? Wünschen Sie sich zuweilen mehr Gelassenheit und innere Ruhe? Dann

bleiben Sie doch cool

und agieren Sie souverän. Leben Sie zufrieden, innerlich ausgeglichen und glücklich. Das ist einfacher, als Sie jetzt vielleicht gerade spontan denken!

Auf den folgenden Seiten werden Sie dazu Anregungen finden, wie Sie Ihre Haltungen und Einstellungen verändern können, um Ihre Gelassenheit zu bewahren. Vorschläge, wie Sie Ihr eigenes Wohlbefinden und zugleich auch das all jener Menschen verbessern können, denen Sie in Ihrem Leben begegnen, mit denen Sie zusammen leben, arbeiten oder mit denen Sie sonst auskommen wollen, sollen oder gar müssen.

- Der eine oder andere Gedanke mag Ihnen vielleicht ein wenig „banal" vorkommen. Aber haben Sie nicht auch schon die Erfahrung gemacht, daß gerade banale Dinge oft gleichermaßen einfach wie wirkungsvoll sind?!
- Und Sie finden sicherlich auch nicht nur neue Erkenntnisse. Doch was meinen Sie: halten sich alte Weisheiten nicht vielleicht gerade deshalb so lange, weil sie so zutreffend sind?

Jedenfalls sollten Ihnen die Anregungen helfen, Ihre innere Ruhe zu erhalten, um Ihre Herausforderungen zu meistern – ganz gleich, ob es sich bei diesen um unangenehme Situationen, aufregende Erlebnisse oder hitzige Diskussionen handelt, und ganz gleich, ob es Ihr Privat- oder Berufsleben betrifft.

So wünsche ich uns, daß Sie sich nach der Lektüre meiner Ausführungen ausgeglichener, zufriedener wie auch friedvoller – eben glücklicher – fühlen und daß Sie Ihre Tage ausgeglichen und entspannt (v)erleben.

Glück = Wohlbefinden & Gelassenheit

Was bedeuten Glück und Wohlbefinden eigentlich – für Sie persönlich und für Ihre Mitmenschen, für Ihre Angehörigen, Freunde und Bekannten, für Ihre Kollegen und Mitarbeiter? Und wann fühlen Sie sich glücklich, wohl und ausgeglichen?

- Theodor Fontane soll zum *Glück* gemeint haben: eine Grießsuppe, eine Schlafstelle und keine körperlichen Schmerzen – das sei schon viel. Nun, das ist natürlich Ansichtssache, trifft Glück jedoch wohl durchaus. Denn ein jeder empfindet Glück anders.

- Aus Frankreich ist die Ansicht überliefert, daß *Wohlbefinden* oft nur eine Wetterfrage sei. Und die Weltgesundheitsorganisation erkennt „körperliches, geistiges und soziales Wohlbefinden" als Voraussetzung für Gesundheit.

- Die österreichische Erzählerin, Novellistin und Aphoristikerin Marie Freifrau von Ebner-Eschenbach soll *Gelassenheit* als „eine anmutige Form des Selbstbewußtseins" gesehen haben. Nun, jedenfalls dürfte ein gesundes Selbstbewußtsein sicherlich einiges zur Gelassenheit beitragen (und diese wiederum zum Wohlbefinden).

Glücklich zu sein, sich entspannt, zufrieden und wohl zu fühlen ist durchaus keine Zauberei. Gelassenheit ist erlernbar. Und es hängt auch weder von Ihrem Glück noch vom Zufall allein ab, wie Sie sich fühlen. Entscheidend sind ganz wesentlich Ihr eigenes Verhalten und Ihre eigenen Einstellungen zum Leben im allgemeinen sowie zu Ihrem Leben im besonderen.

Der Begriff *Glück* steht gemeinhin für Umstände und Ereignisse, die man positiv empfindet, die einem (kurz oder länger) Freude bereiten, aufgrund derer man sich jedenfalls wohl fühlt oder sogar auch ein tiefes Gefühl der dauerhaften Zufriedenheit erlebt. Das Wort kommt

aus dem mittelniederdeutschen „gelucke/lucke" und dem mittelhoch-
deutschen „gelücke/lücke", was soviel bedeutet wie „Art, wie etwas
endet/gut ausgeht".

- Glück ereilt uns grundsätzlich zufällig und stellt in der Regel
  ein einmaliges, kurzzeitiges Ereignis dar. Ein solches Glück
  hängt daher weder von Ihren Kenntnissen noch von Ihren Fähigkeiten oder Talenten ab.
- Ob Sie sich allerdings auch dauerhaft glücklich und zufrieden
  fühlen, hängt nur zum Teil von äußeren (und/oder zufälligen)
  Umständen ab, dafür jedoch nicht unwesentlich von Ihrer eigenen inneren Einstellung und Ihren Bemühungen.

Biologisch werden Glücksgefühle durch Endorphine, Oxytocin sowie
die Neurotransmitter Dopamin und Serotonin ausgelöst. Diese Botenstoffe setzt unser Gehirn bei ganz unterschiedlichen Aktivitäten
frei – um den Körper zu der jeweiligen Aktivität zu motivieren und
zu mobilisieren. Das Glücksempfinden verstärkt als inneres Beloh-
nungssystem das Verhalten. Die Botenstoffe beeinflussen unsere Ge-
mütslage und bestimmen so unser Verhalten mit.

Den von der Großhirnrinde erzeugten bewußten Gefühlen gehen aber auch freudige, ängstliche und abwehrende Emotionen des
Körpers voraus. Intuitives Handeln beruht daher auf vorbewußter Erfahrung.

Zudem ist unser Gehirn in der Lage, die Botenstoffe bereits
allein aufgrund der Phantasie eines Glücksgefühls für „nichts" frei-
zusetzen. Wir müssen uns also ein Ereignis nur als glücklich vorstellen, um bereits glücklich zu sein. Damit haben Sie Ihr Glück ganz allein selbst in der Hand.

Am glücklichsten ist übrigens immer der Dritte (eines Wettkampfes).
Jedenfalls nach der Theorie Dr. Eckart von Hirschhausens:

- Der Erste steht nämlich unter Streß. Er glaubt, seinen Tri-
  umph wiederholen und den erlangten Titel verteidigen zu
  müssen. Daher kann er seinen Sieg kaum richtig genießen.

- Der Zweite wird sich ärgern, nicht Erster geworden zu sein. Und dieser Ärger überschattet seine Freude, doch immerhin fast gewonnen zu haben und nicht nur Dritter zu sein.

So kann sich nur der Dritte wirklich freuen. Denn er ist eben nicht bloß Vierter geworden, sondern hat es doch noch „aufs Treppchen" geschafft.

Unter *Wohlbefinden* wiederum ist das selbst empfundene Gefühl des (dauerhaften) Glücks und der eigenen Zufriedenheit (mit dem Leben) zu verstehen. Das Wohlbefinden hängt insoweit nicht allein vom (zufälligen) Glück ab, sondern faßt alle Umstände zusammen, die zu einer inneren Ausgeglichenheit führen. Je mehr Ihrer Erwartungen erfüllt werden, umso zufriedener werden Sie sein. Und je weniger Erwartungen Sie haben, umso eher werden diese erfüllt.

So kann Ihr Wohlbefinden von glücklichen Momenten und Erlebnissen geprägt werden, jedoch auch von Ihrem Einkommen, Ihrer Gesundheit, Ihren Beziehungen zu Angehörigen, Freunden, Bekannten und Kollegen. In jedem Fall werden Sie umso zufriedener sein, je mehr Sie Ihre inneren Erfahrungen steuern und je besser Sie Ihre negativen Erlebnisse verarbeiten können.

Ihr Glück und Wohlbefinden tragen natürlich recht wesentlich zu Ihrer inneren *Gelassenheit* bei, die in ihrer Wechselwirkung wiederum Ihr Wohlbefinden beeinflußt. Unter Gelassenheit ist die (innere) Einstellung und Fähigkeit zu verstehen, gerade auch in schwierigen, belastenden Situationen die „Fassung" zu bewahren, „cool" zu bleiben, um überlegt und unvoreingenommen (vorurteilsfrei) zu handeln. Wobei sich der Begriff Gelassenheit dabei mehr auf die emotionale Seite bezieht, die Besonnenheit eher auf die rationale.

Gelassenheit definiert sich somit als das Gegenteil von Unruhe, Nervosität und Stress – also genau derjenigen Gefühlszustände, deren Vermeidung Gegenstand der Ihnen hier vorliegenden Ausführungen ist.

Sie möchten sich wohl fühlen. Das ist ein ureigenes Anliegen Ihres Körpers, Ihre genetische Programmierung zum Überleben. Daher tun Sie im Grunde alles, was Sie tun oder unterlassen, in dem Bestreben, sich dadurch besser zu fühlen.

Sich wohl zu fühlen ist natürlich auch ein ebenso ureigenes Anliegen Ihrer Mitmenschen (und grundsätzlich wohl aller Lebewesen). Diese tun ebenfalls das aus ihrer jeweiligen Sicht erforderliche, um ihr Wohlbefinden zu verbessern und sich selbst gut zu fühlen – und nicht, um Sie oder andere zu ärgern oder um Ihnen oder anderen zu schaden (was leider nicht immer offensichtlich ist).

Nun lesen Sie die beiden vorstehenden Absätze zunächst ruhig gleich noch einmal. Weil es nämlich für die folgenden Überlegungen grundlegend sowie auch für Ihr weiteres Wohlergehen recht entscheidend ist, die Erkenntnis zu *verinnerlichen*,

- *daß jeder Mensch immer das tut, womit er meint, sein Wohlbefinden zu verbessern* (vermutlich selbst dann, wenn dies strafbar ist, was natürlich nicht gebilligt werden kann), **und**

- *daß jeder für sein Handeln seine aus seiner Sicht guten Gründe hat* (auch wenn dies für andere Menschen nicht immer unmittelbar und offensichtlich erkennbar ist).

Sie werden sich – wie ich selbst übrigens auch – vermutlich erst mit der Zeit der Bedeutung dieser Annahme wirklich bewußt werden. Doch sie wird Ihre Sichtweise, Ihre Einstellungen sowie Ihr Verhalten beeinflussen und damit Ihr (Wohl-) Befinden verbessern.

Die Annahme, jedermann verfolge (nur) sein eigenes Wohlergehen, mag für Sie zunächst egoistisch klingen. Zumal unter *Egoismus* tatsächlich das Eigeninteresse und die Eigennützigkeit verstanden wird. Egoistisch zu sein bedeutet, durch sein Handeln selbstsüchtig uneingeschränkt den eigenen Vorteil zu verfolgen und dabei auf andere Menschen keine oder allenfalls nur wenig Rücksicht zu nehmen. Egoismus geht damit im Grunde auf die Konkurrenz in der Evolution zurück. Er ist uns naturgegeben, angeboren.

Allerdings wollen wir die beiden vorstehenden Thesen hier aufgreifen, um das Handeln der Menschen als gleichberechtigt zu verstehen, es nachzuvollziehen und damit **gegenseitiges Verständnis** sowie **gegenseitige Toleranz** zu erreichen, womit Egoismus und Konflikte vermieden werden können. Denn erst, wenn man den wahren (und nicht nur den scheinbaren) Grund für das Handeln anderer erkennt, kann man Verständnis und Toleranz aufbringen sowie außerdem das eigene Verhalten so ausrichten, daß der eigene Vorteil zugleich auch zum Vorteil der anderen ist. Dazu muß man allerdings die „Kurzsichtigkeit" eines Egoisten ablegen und die sich erst längerfristig einstellenden Vorteile anpeilen: Es gilt zu erkennen, daß der Vorteil eines anderen zugleich auch zum eigenen Vorteil sein und umgekehrt der eigene Vorteil sich auch für jemand anderen nützlich erweisen kann.

Leben und leben lassen!

Betrachten wir zur Verdeutlichung doch kurz noch das „klassische" Beispiel aus der Mediation (auf die ich später noch zu schreiben komme):

- Zwei Kinder können lange streiten, wer die einzig vorhandene Orange nehmen darf. Diese mittig zu teilen, mag zwar gerecht erscheinen, muß allerdings nicht die optimale Lösung sein, um den beiderseitigen Anliegen wirklich gerecht zu werden.
- Wenn nämlich beide Kinder erfahren, daß das eine Kind nur den Saft zum Trinken haben möchte und das andere nur die

Schale zum Reiben für einen Kuchenteig benötigt, ist ein Streit völlig unnötig.

Dazu dürfen die Kinder allerdings nicht nur sagen, *was* sie wollen (die Orange), sondern sie müssen insbesondere eben auch mitteilen, weshalb und *wozu* sie die Orangen nehmen wollen, aus welchem Grund und mit welchen Motiven. Denn mit der sonst geteilten halben Orange können vermutlich beide dann auch nur „die Hälfte" anfangen ... und werden folglich nicht wirklich glücklich und zufrieden sein.

Nebenbei bemerkt und juristisch betrachtet ist es ohnehin das sogenannte „gute Recht" eines jeden Menschen, sein Handeln nach seinem Wohlbefinden auszurichten. Nichts anderes haben uns nämlich die Verfasser in den Artikel zwei unseres Grundgesetzes geschrieben:

- „Jeder hat das Recht auf die freie Entfaltung seiner Persönlichkeit".

Allerdings nur, „*soweit* er nicht die Rechte anderer verletzt und *nicht* gegen die verfassungsmäßige Ordnung oder das Sittengesetz verstößt". Alle weiteren Gesetze, oder jedenfalls fast alle, konkretisieren oder begrenzen im Grunde dieses Grundrecht.

Anders formuliert kann also jeder das tun und lassen, was ihm beliebt, *solange* er mit seinem Verhalten keine anderen Menschen stört und deren Wohlbefinden beeinträchtigt. Die eigene Freiheit hört eben dort auf, wo die Freiheit anderer beginnt!

Was Du nicht willst, das man Dir tut,
das füg` auch keinem andern zu.

Entscheidend ist, anderen *keinen* Nachteil zuzufügen. Wobei beachtenswert ist, daß dieses Grundrecht in Artikel zwei als Menschenrecht formuliert ist, also *allen* Menschen zugute kommt – im Gegensatz zu anderen Rechten, auf die sich nur deutsche Staatsangehörige berufen können.

15

Gefühle

sind eigentlich für alles entscheidend. Denn alles, was in Ihrem Umfeld durch Ihr Handeln oder das anderer passiert, was Sie erleben und was Ihnen widerfährt, jedes Ereignis löst Gefühle, Emotionen, in Ihnen aus: angenehme oder unangenehme.

- Wenn Sie angenehme Gefühle haben, sind Sie gut gelaunt, ausgeglichen, ruhig und zufrieden ... *glücklich*.
- Wenn Sie jedoch unangenehme, belastende Gefühle empfinden, werden Sie nervös, gereizt, unausgeglichen, unruhig und unzufrieden ... *unglücklich*.

Und Ihr Handeln folgt immer – wenn auch mal mehr und mal weniger – Ihren Gefühlen. Unangenehme Gefühle zeigen Ihnen, daß Ihnen zum Wohlfühlen und glücklich sein etwas fehlt. Und sie weisen Sie auch auf für Sie bestehende Probleme oder Konflikte hin. Damit Sie glücklich(er) leben, müssen Sie folglich dafür sorgen, möglichst nur angenehme Gefühle zu empfinden und unangenehme zu beseitigen.

Was immer Sie also entscheiden zu tun,
vergewissern Sie sich,
daß es Sie glücklich macht.

Wenn Sie nämlich unglücklich sind, unausgeglichen und unzufrieden, gereizt und nervös, können Sie Streß bekommen. Und Streß macht auf Dauer krank.

Streß

ist immer individuell. Er läßt sich nicht (objektiv) messen. Denn Menschen empfinden Ereignisse unterschiedlich belastend und jeder Mensch reagiert anders auf für ihn persönlich unangenehme Situationen – je nach eigener Vorgeschichte, den persönlichen Erfahrungen, Fertigkeiten und Einstellungen, der Persönlichkeit und der persönlichen Belastbarkeit sowie dem Umfang der Möglichkeit, auf das Ereignis (seinen Eintritt und seinen Verlauf) Einfluß zu nehmen. Streß hängt allerdings regelmäßig auch mit einem Verlust der Kontrolle über das eigene Leben zusammen.

Dabei ist Streß in angemessener Dosis und grundsätzlich gar nicht einmal schlecht. Denn er kann beflügeln und motivieren. Positiver Streß verschafft uns das Maß Anspannung, das für Höchstleistungen erforderlich ist (z. B. die Konzentration während einer Prüfung), einschließlich der benötigten Extraportion Sauerstoff. Es kommt allerdings darauf an, daß sich Anspannung und Entspannung die Waage halten, daß zwischen beiden Gefühlen ein Gleichgewicht besteht. Denn wenn die Anspannung, der Streß, ein erträgliches Maß an Intensität und/oder Dauer übersteigt, beeinträchtigt er die körperliche und geistige Gesundheit und wirkt sich nachteilig auf die persönliche Handlungskompetenz und Handlungseffektivität aus.

Die *Reize* (sog. Stressoren), die den Körper treffen, veranlassen ihn, durch vegetative und hormonelle Anpassung die schädlichen Einwirkungen abzufangen und zu überwinden. Der Körper aktiviert alle Kräfte, er fällt in einen Alarmzustand und baut Widerstand auf.

- Sind die Anstrengungen nicht erfolgreich, bricht der Abwehrmechanismus erschöpft und ausgebrannt zusammen. Selbst geringfügige weitere Belastungen können dann im schlimmsten Fall sogar tödlich enden.
- Reagiert der Körper im Widerstand über, können körperliche und/oder geistige Krankheiten ausgelöst werden (sog. Anpassungskrankheiten: z. B. Geschwüre, Allergien, erhöhte Anfälligkeit für Infektionen, Herz-Kreislauf-Erkrankungen, rheumaähnliche Beschwerden, Ängste, Depressionen, Burnout).

Die Gefahr ist umso größer, je häufiger eine belastend empfundene Situation eintritt, je länger sie anhält oder je mehr derartige Belastungen gleichzeitig auftreten. Die „Wellenbewegung" von streßbedingter Anspannung und anschließender Entspannung darf insgesamt und auf Dauer nicht ansteigend sein. Der Streßpegel wird jedoch dauerhaft steigen, wenn die Anspannungen überwiegen und bereits vorhandenen Streß damit noch weiter verstärken. Wer zu sehr und/oder zu lange für etwas brennt, ist irgendwann ausgebrannt – Burnout!

Es kommt daher grundlegend und wesentlich darauf an, daß Sie *Anspannung und Entspannung* als **gleichwertig** erkennen und folglich auf ihr **Gleichgewicht** achten. Beruflicher Anspannung muß die erforderliche private Entspannung und Freizeit (ohne gefühlten Leistungsdruck) folgen. Berufliche wie private Termine sollten Sie daher als gleichwertig und gleich wichtig ansehen. Und folglich in Ihrem Terminkalender auch gleichermaßen eintragen und berücksichtigen: „Termin ist Termin".

Das Gleichgewicht ist im übrigen nicht nur für uns Menschen wichtig, sondern ebenso für alle ökologischen wie auch ökonomischen Systeme, für die Natur wie für die Wirtschaft. Je ausgeglichener (gleiche Chancen für alle) und ungestörter (frei von Eingriffen) diese Systeme sind, um so stabiler bestehen sie. Jegliche Eingriffe können jedoch schwerwiegende Folgen haben.

Es ist auch eigentlich gar nicht so schwer, sich den Tag ausgeglichen einzuteilen, denn dieser hat ja bekanntlich 24 Stunden:

- Von diesen sollten wir uns mindestens sechs, besser jedoch acht Stunden für einen erholsamen Schlaf gönnen. Denn wenn unser Körper auf Dauer zu wenig Schlaf bekommt und sich nicht ausreichend regenerieren kann, wird er krank.
- Folglich verbleiben dann jeweils acht weitere Stunden für den Beruf und für das Privatleben … für die Anspannung und für die Entspannung.

Die Natur hat uns diese Aufteilung im übrigen sozusagen vorgegeben. Achten Sie also auf Ihre *„innere Uhr"*. Wissenschaftler haben mittlerweile die molekularen Mechanismen zur Steuerung unseres Schlaf-Wach-Rhythmus enträtselt. Wir Menschen, die Tiere und auch die Pflanzen sind nämlich mit der Erddrehung, dem Wechsel von Tag und Nacht und Wachen und Ruhen, synchronisiert. Unser

Biorhythmus wird durch Gene und Proteine gesteuert und dabei auch der Hormonspiegel, der Blutdruck sowie die Körpertemperatur passend zur Tageszeit reguliert.

Nun tickt diese „innere Uhr" zwar nicht bei allen Menschen gleich, aber dennoch ist es für jeden Menschen gleich wichtig, auf seinen natürlichen Rhythmus zu achten, um nicht Gefahr zu laufen, ernsthaft krank zu werden. Ausreichend Schlaf ist dabei für die Hirnfunktionen und das Immunsystem besonders erforderlich. Länger andauernde Störungen des Schlaf-Wach-Rhythmus können bipolare Störungen, Depressionen, Diabetes, neurologische Erkrankungen und sogar wohl auch Krebs auslösen.

- Wie sich schon kleinere Störungen auswirken, können Sie leicht selbst erfahren: wenn Sie eine „Nacht durch feiern" oder Schichtarbeit leisten, wenn die Uhr von Sommer- auf Winterzeit (oder umgekehrt) umgestellt wird oder wenn Sie sich während einer Reise einer anderen Zeitzone anpassen sollen.

Übrigens, das möchte ich in diesem Zusammenhang kurz anmerken, gibt es Firmen, die die langjährigen Forderungen der Gewerkschaften wohl mehr als nur erfüllen: sie reduzieren die Arbeitszeiten ihrer Mitarbeiter nicht nur um einige Minuten, sondern gleich um mehrere Stunden täglich/wöchentlich. Und diese Firmen sollen gute Erfahrungen damit machen, daß die Mitarbeiter nur bis mittags arbeiten oder den Freitag zugunsten eines längeren Wochenendes ganz frei haben! Es habe sich nämlich herausgestellt, daß die Motivation und damit einhergehend die Arbeitsleistung (Effektivität) zunimmt, wenn die Mitarbeiter täglich mehr Zeit für ihr Familienleben und ihre Freizeitgestaltung haben ... es würde mich nicht wundern, wenn die Mitarbeiter zudem auch seltener krank sind.

Der römische Epiker Ovid soll schon vor Jahrhunderten erkannt haben:

> *„Was ohne Ruhepausen geschieht,*
> *ist nicht von Dauer."*

Halten wir uns also ruhig an das altbekannte Sprichwort: „Eile mit Weile"! – Welche Folgen die Hektik unserer Zeit haben kann, ist immer wieder in der Tageszeitung zu lesen: wenn zum Beispiel übermüdete Lastwagenfahrer (meistens in den frühen Morgenstunden) einen Unfall verursachen, wenn Kraftfahrer auf der Standspur am Stau vorbeifahren oder gar wenden und zur letzten Ausfahrt zurück fahren, weil sie meinen, keine Zeit für den Stau zu haben.

Auf Schiffen gilt seit jeher der Grundsatz „Sicherheit geht vor": eine Hand für das Schiff (zum Arbeiten) und eine für den Mann (zum Festhalten).

Seien Sie sich bewußt, daß nichts, aber wohl auch gar nichts so wichtig sein kann, daß Sie dafür Ihre Gesundheit oder sogar Ihr einziges Leben aufs Spiel setzen. Andernfalls könnten Sie nämlich handlungsunfähig werden … Auch ein Notarzt auf dem Weg zum Unfallopfer kann diesem nur dann helfen, wenn er bei ihm ankommt.

Durch jedes Ereignis, jedes Erlebnis, jeden Reiz oder Stressor, wird zunächst und unwillkürlich Ihr körperliches Wohlbefinden verändert. Das können Sie nicht verhindern, sehr wohl jedoch den Umfang und damit die Auswirkungen der Veränderungen beeinflussen.

Anschließend werden Sie Maßnahmen ergreifen, um Ihr Wohlbefinden wieder herzustellen oder jedenfalls zu verbessern. Und diese können Sie steuern. Wobei Ihre Maßnahmen davon abhängen werden, wie Sie auf das Erlebnis reagieren. Denn je weniger Streß Sie empfinden, um so ruhiger, besonnener und überlegter werden Sie handeln (können).

Um glücklich (-er) zu leben, müssen Sie also unangenehm empfundene Situationen und Erlebnisse möglichst ruhig und bedacht bestehen können. Dazu gibt es allgemeine Möglichkeiten, die ein jeder nutzen kann, um seine persönlichen Belastungen (besser) zu bewältigen und sein persönliches Gleichgewicht wieder herzustellen und zu erhalten.

- Sie können mit *kurzfristigen Maßnahmen* Ihr „Streßlevel" schnell senken, also Ihre Streßreaktionen kontrollieren, um wieder ruhig und bedacht agieren zu können.
- Außerdem können Sie *langfristig und vorbeugend* verhindern, daß (unangenehme) Ereignisse überhaupt eintreten und Sie stressen, und
- Sie können Ihre *Einstellungen* ändern, damit Sie Streß sowie diesen auslösende Ereignisse anders bewerten und somit von Ihnen als unangenehm empfundene Situationen nicht (mehr) derart unangenehm empfunden werden.

Sie haben zwar nicht die Wahl, ob und welche Gefühle in Ihnen ausgelöst werden. Doch können Sie Ihre Gedanken beeinflussen, wie Sie diese Ihre Gefühle bewerten, ob Sie sich ärgern und gestresst fühlen wollen oder ausgeglichen, zufrieden und glücklich. Nur Sie allein sind für Ihre Gefühle verantwortlich – denn „jeder ist seines Glückes Schmied". Oder, um es mit den Worten des Schweizer Staatsrechtlers und Laientheologen Carl Hilty auszudrücken:

„Das Glück des Lebens besteht nicht sowohl darin,
wenig oder keine Schwierigkeiten zu haben,
sondern sie alle siegreich und glorreich zu überwinden."

Der griechische Philosoph Epiktet befaßte sich bereits in der Antike mit der inneren Freiheit und moralischen Unabhängigkeit der Menschen. Er trennte grundlegend zwischen den Dingen, die wir Menschen nicht beeinflussen können, und jenen, die unser Innerstes betreffen und folglich unserem Einfluß unterliegen. Nach seiner Ansicht konnte nur glücklich werden, wer diese Unterscheidung verinnerlicht:

„Nicht die Tatsachen selbst machen das Leben schwer,
sondern unsere Bewertung der Tatsachen."

Tatsachen und Bewertungen der Tatsachen sind folglich voneinander zu trennen. William Shakespeare formulierte es seinerzeit so:

„An sich ist nichts weder gut noch böse;
das Denken macht es erst dazu."

Nun werden Sie vielleicht denken, Ihr Wohlbefinden hängt doch auch von anderen Menschen ab, von denen, mit denen Sie zusammen leben, denen Sie begegnen. Da gebe ich Ihnen durchaus Recht.

Aber Sie haben selbst Einfluß auf das Verhalten Ihrer Mitmenschen. Denn Ihr Befinden spiegelt sich – in Ihren Worten und Taten, in Ihrer Mimik und in Ihren Gesten, kurzum in Ihrem gesamten Verhalten. Darauf reagieren Ihre Mitmenschen. Sie spiegeln Ihr Verhalten und verhalten sich ihrerseits entsprechend.

Und natürlich umgekehrt: Auch Sie verhalten sich wiederum entsprechend des Verhaltens Ihrer Mitmenschen, Sie spiegeln selbst deren Verhalten. Es besteht eine Wechselwirkung, weshalb Sie nicht nur sich selbst, sondern auch Ihre Mitmenschen (be)achten sollten.

Im übrigen liegt es allerdings allein an Ihnen, wie Sie die Äußerungen und/oder das Verhalten anderer Menschen auffassen, wie Sie deren Selbstoffenbarung deuten und ob Sie sich von anderen Menschen in Ihrem Befinden stören lassen, oder eben nicht – doch darauf kommen wir später noch genauer zurück.

Es gilt also nicht nur, Ihr eigenes Streßempfinden zu kontrollieren und Ihr inneres Gleichgewicht zu halten. Sie müssen ebenso auch Ihre Kontakte zu Ihrer Umwelt, Ihren Mitmenschen, pflegen. Umgeben Sie sich mit glücklichen Menschen, indem Sie die Menschen um Sie herum glücklich(er) machen. Dann werden auch Sie glücklich sein.

Schließen Sie Frieden mit sich
und mit Ihren Mitmenschen.
Denn böse sein macht nicht glücklich!

Ausgehend von den vorstehenden Überlegungen gebe ich Ihnen auf den folgenden Seiten einen Überblick über Möglichkeiten, wie Sie Ihr persönliches Wohlbefinden sowohl kurzfristig wie auch dauerhaft verbessern und zudem positiven Einfluß auf Ihre Mitmenschen, Ihr persönliches Umfeld, nehmen können, um glücklich(er), friedvoll und in Frieden zu leben:

- wie Sie Ihr *inneres Gleichgewicht* erhalten, um auch in angespannten Situationen klare Gedanken fassen zu können,
- wie Sie Streit und Konflikte *mit* anderen Menschen vermeiden und/oder beilegen,
- wie Sie bei Streit und Konflikten *zwischen* anderen vermitteln können.

Manches mag Ihnen schon bekannt sein oder gar „banal" vorkommen, anderes vielleicht nicht. In jedem Fall aber dürfte es sich für Sie lohnen, über die Zusammenhänge nachzudenken.

Und Sie dürfen Veränderungen erwarten, wenn Sie meine *Anregungen* in Taten **umsetzen**. Wenngleich ich Sie darauf vorbereiten muß, daß einige Vorschläge einige Übung erfordern, so daß Ihre Erfolge folglich nicht immer umgehend eintreten können. Aber:

Wer nichts wagt, gewinnt nichts!

Und Versuch macht ja bekanntlich klug. Zögern Sie also nicht, sondern bedenken Sie:

Wer sich nicht ändert,
wird verändert.

Wenn Sie sich nicht ändern, werden Sie verändert – wenn Sie nicht handeln, werden Sie gehandelt. Verlassen Sie also die Komfortzone Ihres Ist-Zustandes und der gewohnten Routine. Begeben Sie sich auf die spannende Reise der Veränderungen. Sie haben nämlich nur dieses eine Leben!

Außerdem: was soll schon passieren? Oder fühlen Sie sich in Ihrem Ist-Zustand mit unerfüllten Bedürfnissen besser, als mit Ihrem Wunsch-Zustand? Die „Angst vor Veränderungen" sollte Sie nicht abschrecken, denn die läßt sich behandeln (dazu kommen wir später noch).

Tragen Sie das Risiko,
oder verlieren Sie die Chance.

Scheuen Sie sich auch nicht, nur weil Ihnen ein Fehler unterlaufen könnte. *Fehler* macht jeder (nur muß das ja nicht unbedingt auffallen), sie sind menschlich und von der Evolution vorgegeben. Fehler sind bekanntlich dazu da,

1. um gemacht zu werden,
2. um aus ihnen zu lernen und
3. um sie zu korrigieren.

Außerdem ist ein Fehler immer auch eine Frage seiner Definition: Wikipedia definiert den Fehler als „Abweichung eines Zustands oder Vorgangs, der bezüglich der zu erfüllenden Aufgaben festgelegt ist". Im „Duden" finden sich die Beschreibungen falsch, vom Richtigen abweichend, irrtümlich, schlecht oder mangelhaft.

- Ein Fehler kann also im Grunde jede Abweichung von einer (beliebigen) Vorgabe sein … dann kann man die Vorgabe so großzügig wählen, daß gar kein Fehler auftreten kann. Oder ein Fehler wird als Abweichung vom Durchschnitt definiert … dann wird fast alles als Fehler aufzufassen sein, weil der Durchschnitt so gut wie nie *genau* erreicht wird. Auch kann ein Fehler als Abweichung vom „Richtigen" gesehen werden … doch was ist „richtig"?

Aber ganz abgesehen davon ist ein Fehler zunächst und grundsätzlich Ihre Ansichtssache, eine Frage Ihrer persönlichen Einstellung:

Sie machen nämlich gar keine Fehler,
sondern immer nur Erfahrungen!

Weil Sie alles, was Sie tun, etwas Neues lehrt. Sie erfahren nie nur das, was Sie vielleicht falsch gemacht haben, sondern immer auch, wie Sie es das nächste Mal richtig machen ... die zwei Seiten der Medaille.

Nehmen Sie sich einen Zollstock, ein Zentimetermaß – die ersten sagen wir 80 Zentimeter für Ihre mögliche Lebenserwartung. Ein Zentimeter für jedes Lebensjahr ... Nun markieren Sie sich Ihr Alter und schauen Sie auf die Ihnen verbleibenden Jahre. Davon ziehen Sie dann ein Drittel ab, welches Sie mit Schlafen verbringen werden.

Wie viel Jahre verbleiben Ihnen also noch zum Leben und Arbeiten? Streß verkürzt diesen Zeitraum. Michael Kunze gab in einem seiner Texte zu bedenken:

> *„Heute beginnt der Rest Deines Leben ...*
> *und nicht irgendwann!"*

Sie müssen natürlich nicht gleich alle meine folgenden Vorschläge auf einmal ausprobieren. Fangen Sie ruhig mit nur einem an. Aber fangen Sie an!

Wenn Sie statt dessen auf den „richtigen Moment" warten wollen, könnten Sie enttäuscht werden. Weil dieser Moment vielleicht nie kommt. Es gibt nämlich nur einen *einzigen* Tag in Ihrem *einzigen* Leben, an dem Sie *ganz sicher* Einfluß auf Ihre Zukunft nehmen können: dieser Tag ist *heute!* Sie wissen nicht, was morgen passiert.

> *Ob Sie nun glücklich und zufrieden*
> *oder unglücklich und gestreßt leben ...*
> *Sie entscheiden!*

I.   Ereignisse, ihre Wahrnehmung und die Folgen

„Der Schein trügt" lautet eine alte Weisheit. Doch wer läßt sich schon gern täuschen? Sie vielleicht? Dann lassen Sie sich nicht täuschen, sondern konzentrieren Sie sich lieber auf das Tatsächliche. Betrachten wir dazu zunächst den Zusammenhang

Ereignis > körperliche Veränderungen > Reaktion

näher: Jedes Ereignis führt zunächst zu einer – angenehm oder unangenehm empfundenen – Veränderung in Ihrem Körper und damit in Ihrem Befinden. Diese Reaktion Ihres Körpers können Sie zwar nicht verhindern, aber doch deren Auswirkungen beeinflussen. Anschließend erfolgt Ihre Reaktion – eine Handlung oder Unterlassung ... und diese können Sie bestimmen. Weil Sie die Möglichkeit haben, die Lage zu bewerten, bevor sie reagieren.

Unter einen *Ereignis* in dem hier erörterten Zusammenhang ist dabei alles zu verstehen, was Ihnen geschieht oder was jemand anderes zu Ihnen oder einer dritten Person sagt, also alles, was Sie erleben, was Sie beobachten und/oder hören – was mit einer Kamera und/oder einem Mikrofon aufgenommen werden kann.

Streß wird in diesem Sinne von allen Ereignissen/Einwirkungen (sog. Reizen) auf Ihren Körper verursacht, die von *Ihnen* persönlich (nicht unbedingt auch von anderen) belastend, also unangenehm, empfunden werden.

Je länger ein solch unangenehmes Befinden andauert und/oder je öfter es sich wiederholt, umso schlechter wird es Ihnen gehen. Umso mehr fühlen Sie sich gestresst und umso dringender möchten Sie handeln, um Ihr Befinden wieder zu verbessern.

1. Wahrnehmungen

Ein Ereignis ist ein Ereignis. Betrachten Sie es zunächst, *ohne* es dabei bereits *zu bewerten*. Sehen Sie es wie durch die Linse einer Kamera und/oder hören Sie es wie durch das Mikrofon eines Aufnahmegerätes. Ohne nachzudenken.

Das ist nicht immer ganz einfach, denn durch Ihr Denken bewerten Sie bereits das Ereignis, weil Sie dabei (unbewußt) auf Ihre Erfahrungen und früheren Erlebnisse zurück greifen. Außerdem nehmen Sie mit Ihren Sinnen viel mehr wahr, als eine Kamera oder ein Mikrofon aufnehmen kann.

Der Begriff **Wahrnehmung** kommt aus dem althochdeutschen und bedeutet soviel wie „einer Sache Aufmerksamkeit schenken". Die Wahrnehmung stellt die Verbindung zwischen Ihrem Ich und Ihrer Umwelt her. Ihre *Sinne* verbinden sozusagen Ihr Gehirn mit Ihrer Außenwelt. Alle aus Ihrer Umwelt auf Ihren Körper treffenden Reize werden von Ihren Sinnen Sehen, Hören, Riechen, Fühlen und Schmecken sowie durch Ihren Bewegungs- und Gleichgewichtssinn aufgenommen.

Sämtliche Informationen werden von Ihrem Gehirn verarbeitet, wodurch Ihr persönliches Bild von Ihrer Umgebung entsteht. Dabei ist jedes Sinnesorgan mit einem bestimmten Gehirnteil vernetzt, weshalb Ihr Gehirn in der Lage ist, die unterschiedlichen Sinneswahrnehmungen voneinander zu unterscheiden. Und Ihr Gehirn leistet noch mehr, weil es zudem auch noch die unterschiedlichen Intensitäten Ihrer Sinneswahrnehmungen differenzieren kann:

- Sie erkennen unterschiedliche Helligkeiten, rund 5.000 Farben (Farbarten) und können zudem Entfernungen berechnen.
- Sie unterscheiden aus Schallwellen verschiedene Lautstärken und Tonhöhen und können die Richtung orten, aus der ein Geräusch kommt.
- Sie können etwa 5.000 Gerüche voneinander unterscheiden. Wobei zudem eine Verbindung zu dem Teil Ihres Gehirns be-

steht, der für Emotionen zuständig ist. Deshalb erinnern Sie Gerüche und Gefühle zusammen.

- Sie ertasten unterschiedliche Materialien und Härten (Druck) sowie verschiedene Temperaturen (Hitze und Kälte). Sie spüren die Windrichtung und fühlen Schmerzen, damit Sie Gefahren entgehen und überleben können.
- Schließlich differenzieren Sie aus den „Grundgeschmäcken" süß und sauer, bitter und salzig die unzählbar vielen Geschmacksrichtungen dazwischen.

Weiterhin speichert Ihr Gehirn einmal Wahrgenommenes. Daher erkennen Sie zum Beispiel gehörte Töne oder Geräusche wieder, wenn Sie die jeweiligen Schallwellen erneut vernehmen.

Sodann setzt Ihr Gehirn alle wahrgenommenen Sinneseindrücke auch noch sinnvoll zusammen: so hören Sie nicht nur einzelne Töne, sondern eine ganze Melodie, Sie sehen nicht die einzelnen Lichtstrahlen, sondern einen Sonnenuntergang und Sie schmecken nicht nur die einzelnen Geschmacksstoffe, sondern Spagetti mit Bolognesesoße. Und während Grundschüler zunächst noch Buchstaben für Buchstaben lesen, nehmen wir später, wenn wir des Lesens kundig sind, nur noch ganze Wörter wahr:

Debai abertiet usenr Gihren so ginael,
daß wir enien Txet slesbt dnan ncoh leesn kennön, wnen
die Riehonfegle der Bhucsteban in den eezneiln Wrtören
dhurcnienedar gomkeemn ist ...jdenfelals,
salogne winetsgnes die estern und lzteetn
Bhcutsbean ncoh an iehrn Pälzten snid.

Auch verändert sich unsere Wahrnehmung mit fortschreitendem Alter: gut sehen können wir im Lauf der Jahre nämlich zunehmend schlechter, dafür allerdings immer besser schlecht hören. Außerdem haben zum Beispiel auch

- Säuglinge ein ganz anderes Geschmacksempfinden als Erwachsene.

- Während einer Erkrankung schmeckt Ihnen vielleicht gar nichts – Ihr Körper fährt den Appetit herunter, um seine Energie nicht zur Verdauung zu verbrauchen, sondern sie zur Heilung einsetzen zu können.
- Werdende Mütter haben zuweilen den bekannten „Heißhunger" auf Dinge, die sie sonst vielleicht gar nicht mögen.

Gerade so, als hätte es die Natur so eingerichtet, daß wir immer recht genau das am liebsten mögen, was für unseren Körper gerade am wichtigsten ist.

In jedem Fall nehmen Sie mit Ihren Sinnen unbewußt wesentlich mehr Informationen auf, als Sie anschließend bewußt verarbeiten. Und das Verhältnis ist kaum zu glauben: Ihr Bewußtsein gleicht der kleinen Spitze eines Eisberges, dessen großer Rest (das Unterbewußtsein) unter der Wasseroberfläche verborgen ist. In Längeneinheiten umgerechnet umfaßt Ihr Bewußtsein rund fünfzehn Millimeter, Ihr Unterbewußtsein jedoch ganze elf Kilometer!

Ihre Wahrnehmungen werden von Ihrem Gehirn „gesiebt". Die unglaubliche Vielzahl der wahrgenommenen Reizen zwingt Ihr Gehirn nämlich trotz seiner unglaublichen Leistungsfähigkeit dazu, eine *Ordnung und Sortierung* vorzunehmen:
- Unterhalb ihrer jeweiligen Reizschwelle liegende Reize werden von Ihren Sinnesorganen überhaupt nicht wahrgenommen.
- Andere Reize werden zum Teil als „unwichtig" eingestuft, damit ausgeblendet und gar nicht erst weiter verarbeitet.
- Und nur die augenblicklich relevanten Sinneswahrnehmungen werden schließlich berücksichtigt.

Bei dieser Filterung der Wahrnehmungen erinnert sich Ihr Gehirn an bereits von Ihnen Erlebtes und Gefühltes, an Ihre Erfahrungen und Einstellungen, Ihre kulturelle Prägung sowie an Ihre Kenntnisse und Fähigkeiten. Scheinbar Sinnloses wird durch frühere Erfahrungen zu Sinnvollem ergänzt. Ihr Gehirn schafft einen Zusammenhang zwischen allen Wahrnehmungen und vervollständigt damit Ihr Bild der aktuell für Sie wichtigen Wahrnehmungen.

So schaffen Sie sich Ihre *eigene Realität* aufgrund Ihrer persönlichen Wahrnehmungen aus Ihrem persönlichen Blickwinkel, Ihrer Perspektive. Wobei durchaus Fehler (Täuschungen) auftreten können:

- Dann nämlich, wenn Ihr Gehirn eine aktuelle Wahrnehmung mit einer tatsächlich nicht dazu „passenden" Erinnerung ergänzt und dadurch ein „falsches Bild" entsteht.
- Oder, wenn Ihre Voreingenommenheit, geprägt durch frühere Erfahrungen und Erlebnisse, Sie das wahrnehmen läßt, was Sie zu sehen erwarten.

Sie sehen zum Beispiel auf der anderen Straßenseite einen jungen Mann, der einer älteren Frau ihre Tasche abnimmt ... tut er das, weil er ihr die Tasche tragen oder weil er sie ihr stehlen will?

> *„Der Mensch sieht, was er glaubt.*
> *Aber er soll nicht alles glauben, was er sieht!"*

gab Pfarrer Braun, gespielt von Ottfried Fischer, in einer Folge der gleichnamigen Krimireihe zu bedenken.

Sie nehmen ein Ereignis in jedem Fall immer mit all Ihren Sinnen gleichzeitig wahr und Sie handeln aufgrund Ihrer Wahrnehmungen. Allerdings registrieren Ihre Sinne jedes Ereignis mit unterschiedlicher Empfindlichkeit und unterschiedlicher Gewichtung. Denn Ihr Gehirn misst Ihren verschiedenen Wahrnehmungen situationsbedingt unterschiedliche Bedeutungen zu, filtert die gerade vermeintlich wichtigen heraus und übergeht die unwichtigen. Ihre Wahrnehmungen haben jedoch immer entscheidenden Einfluß auf Ihr Handeln.

Die Summe Ihrer Wahrnehmungen bildet Ihre persönliche Lebenserfahrung, Ihren „Erfahrungsschatz". Denn der Begriff **Erfahrung** definiert sich allgemein als das auf *eigenen* Erlebnissen beruhende Wissen einer Person. Als Erfahrung wird folglich jedes *selbst* wahrgenommene und/oder empfundene Ereignis bezeichnet. Die „Lebenserfahrung" umfaßt die Gesamtheit der Erlebnisse, die eine Person während ihres Lebens gehabt hat.

Dementsprechend *lernen* wir auch vielfältig – mit all unseren Sinnen: durch Sehen, Hören, Fühlen und Tun (Probieren, Üben, Nachmachen und Nachahmen). Oder, wie Albert Einstein es formuliert haben soll:

„Lernen ist Erfahrung,
alles andere ist Information."

Trainieren Sie Ihre Wahrnehmung daher regelmäßig, wenigstens jedoch von Zeit zu Zeit. Setzen Sie sich für einige Minuten auf einen bequemen Stuhl oder nach draußen, auf den Balkon, in den Garten, auf die nächste Parkbank. Schauen Sie sich um und nehmen Sie wahr, was Sie sehen. Dann schließen Sie die Augen:

- Was hören Sie?
- Welche Gerüche nehmen Sie wahr?
- Wie fühlt sich Ihre Sitzgelegenheit an?

Die Konzentration Ihrer Gedanken auf Ihre Wahrnehmungen wird Sie zudem von allem anderen ablenken. Sie schärfen Ihre Sinne und entspannen zugleich.

Ein Soziologe, ein Physiker und ein Mathematiker
fahren gemeinsam Zug. Sie schauen aus dem Fenster
und sehen auf einer Wiese ein schwarzes Schaf stehen.
Der Soziologe meint: „Hier gibt es schwarze Schafe."
Der Physiker entgegnet: „Falsch. Hier gibt es
mindestens ein schwarzes Schaf."
Daraufhin der Mathematiker: „Das ist immer noch falsch.
Hier gibt es mindestens ein Schaf,
das auf mindestens einer Seite schwarz ist!"

Wahrnehmungen sind wohl eigentlich der „klassische" Gegenstand objektiver Berichterstattung in den Medien. Allerdings:

- Achten Sie zum Beispiel beim Lesen Ihrer Tageszeitung doch einmal darauf, wie viel (oder wie wenig) Wahrnehmungen tatsächlich Gegenstand der „objektiven" Berichterstattung sind, und wie viel Artikel und Berichte demgegenüber im Konjunktiv formuliert sind und mehr Spekulationen oder Kommentierungen denn wirkliche Wahrnehmungen enthalten.
- Oder der Meteorologe, der sich bei seiner Wettervorhersage nicht auf objektive Angaben (Meßwerte) beschränkt, sondern erklärt, *endlich* werde es wieder wärmer oder es gebe *heftigen* Regen. Derart subjektive Äußerungen werden Ihre Erwartungen an das Wetter beeinflussen.

Die ureigene Aufgabe der Medien ist es, Bericht zu erstatten, also zu schildern, was sich zugetragen hat (was eine Kamera aufnehmen würde). Alles andere gehört zum Kommentar.

Die *Bewertung* eines Ereignisses sollten Sie immer erst nach und aufgrund Ihrer Wahrnehmung vornehmen:
- wenn Sie sich der Auswirkungen auf Ihren Körper, auf Ihr Wohlbefinden, bewußt geworden sind,
- wenn Sie die möglichen Ursachen und die denkbaren Lösungen bedacht und
- wenn Sie Ihre Handlungsmöglichkeiten abgewogen haben,
damit Sie *angemessen* auf das Ereignis reagieren.

Wenn Sie dazu keine Zeit haben,
nehmen Sie sich welche.

Immerhin hat der Tag 24 Stunden. Und wenn Ihnen diese nicht reichen, nehmen Sie eben die Nacht dazu. Lucius Annaeus Seneca gab hierzu zu bedenken:

„Es ist nicht zu wenig Zeit, die wir haben,
sondern es ist zu viel Zeit, die wir nicht nutzen."

Um klug zu handeln, sollten Sie auch weder blind den Meinungen anderer folgen noch irgendwelchen Spekulationen oder gar vorschnellen Urteilen (Vorurteilen). Ein *Vorurteil* beinhaltet nämlich bereits immer ein Urteil, also eine Entscheidung. Und jede Entscheidung wiederum beeinträchtigt oder verhindert sogar gänzlich weitere Wahrnehmungen. Vorurteile ersticken Zweifel und begraben dadurch zuweilen die Wahrheit. Vorurteile sind bequem, denn man muß sich nicht mit Zweifeln auseinandersetzen. Dafür stößt man dann jedoch auch nicht unbedingt auf die Wahrheit. Außerdem liegen Vorurteil und Irrtum oft zum Verwechseln dicht beieinander.

Mit Vorurteilen werden andere Menschen „abgestempelt" und „in einer Schublade verstaut". Gerade Äußerlichkeiten führen immer wieder zu Vorurteilen:

- Ein alkoholisierter Mensch ist nicht unbedingt ein Alkoholiker und ein (Ihrer Ansicht nach) „unordentlich" gekleideter Mensch nicht unbedingt gleich ein „Penner". Auch „seriös" gekleidete Menschen sind nicht unbedingt seriös!

Hinterfragen Sie daher die Äußerungen anderer und erforschen Sie deren Motive und Bedürfnisse (wieso, weshalb, aus welchem Grund?). Denken Sie selbst! Nehmen Sie die Realität wahr und bilden Sie sich auf der Basis der Fakten Ihre eigene Meinung, nach der Sie dann handeln.

Wenn Sie Ihren Horizont (auch) in Bezug auf Vorurteile und Perspektivwechsel noch ein wenig erweitern wollen, kann ich Ihnen die Lektüre des Buches „Achtung! Vorurteile" von Sir Peter Ustinov nahelegen. Und wenn Sie sich demgegenüber sagen „Meine Meinung steht fest. Bitte verwirren Sie mich nicht mit Tatsachen!" sollten Sie Ihre Einstellung ruhig noch einmal überdenken. Ich glaube, das dürfte sich durchaus positiv für Sie auswirken.

2.   *Körperliche Veränderungen*

Jedes Ereignis löst unmittelbar körperliche Veränderungen in Ihnen aus (und natürlich auch in Ihren Mitmenschen). Diese können Sie nicht verhindern. Allerdings können Sie die Auswirkungen der Veränderungen kurzfristig beeinflussen und damit Ihr Wohlbefinden sofort wieder verbessern.

Und Sie können langfristig mit vorbeugenden Maßnahmen das erneute Auftreten der unangenehmen Körperreaktionen vermeiden oder doch wenigstens vermindern.

Ihr persönliches Befinden verändert sich aufgrund äußerer Reize grundsätzlich auf *drei Ebenen,* die zudem einer Wechselwirkung unterliegen, also einer gegenseitigen Beeinflussung:

- Der Körper reagiert zunächst mit jenen *Muskeln,* die Ihrer willkürlichen Kontrolle unterliegen. Die gesamte Muskulatur wird gespannt. So können Sie zum Beispiel unter Muskelverspannungen und Kopfschmerzen leiden oder ins Stottern kommen.
- Ein (unangenehmes) Ereignis wirkt zudem auf das vegetative *Nervensystem* und die damit verbundenen Organe, die Ihrer willkürlichen Kontrolle entzogen sind. Die allgemein erhöhte Funktion führt zu einer allgemeinen Steigerung der Leistungsfähigkeit. Aber auch Magenschmerzen, Übelkeit, Schweißausbrüche, Herzklopfen oder Atemnot sowie eine Erhöhung der Frequenz des Lidschlages sind hier beispielsweise zu nennen und erkennen.
- Und schließlich werden Sie noch *emotional* (kognitiv) betroffen. Ihre Denk- und Wahrnehmungsprozesse, Gefühle und Befindlichkeiten werden beeinflußt, ohne daß dies äußerlich erkennbar wäre. Die auftretenden Gefühle sind sehr individuell und werden durch das jeweilige Ereignis und die persönliche Lebensgeschichte beeinflußt. So können Sie zum Beispiel Wut, Angst oder Panik empfinden, in Ihrer Konzentration gestört oder in Ihren Gedankengängen blockiert sein, sich emotional unausgeglichen oder in Ihren Entscheidungen unsicher fühlen.

Bereits unsere Urahnen, die Urmenschen, waren dazu veranlagt, entweder zu flüchten oder sich zu verteidigen (anzugreifen), wenn sie sich in Not fühlten. Ihr Körper stellt dazu alle Reserven zur Verfügung, um die Reaktionsfähigkeit und die Widerstandskraft zu erhöhen. Durch die Ausschüttung verschiedener Hormone (insbesondere Noradrenalin, Adrenalin und Kortisol)

- steigert der Körper einerseits die Körperfunktionen, die für eine Flucht oder die Verteidigung (einen Angriff) erforderlich sind: so sorgen das Herz-Kreislaufsystem und die Atmung für eine optimale Versorgung der Muskeln mit Sauerstoff und Nährstoffen. Gleichzeitig wird das Immunsystem angeregt, um auf eine eventuelle Verletzung schneller reagieren zu können (z. B. steigt der Anteil der Gerinnungsstoffe im Blut, so daß diese eine Wunde schnell verschließen können).

- Andererseits werden diejenigen Körperfunktionen „herunter gefahren", die für die Flucht oder die Verteidigung entbehrlich sind und dabei nur unnötig Energie verbrauchen würden: so machen die Verdauungsorgane eine Pause und der Sexualtrieb hält sich ebenfalls zurück. Auch die Aktivität des Gehirns geht zurück, soweit (langsamere) Denkprozesse betroffen sind, die nicht unbedingt benötigt werden – der Körper reagiert „automatisch und ohne zu denken", ohne zunächst bewußt das Für und Wider seines Handelns abzuwägen.

Wir können diese Erkenntnisse über die Auswirkungen einer Streßsituation auf unseren Körper nutzen, um auf jeder der drei oben genannten Reaktionsebenen Einfluß zugunsten unseres Wohlbefindens und unseres Wohlergehens zu nehmen ... um also unser Streßlevel zu senken und wieder frei denken zu können.

Außerdem lassen sich einige der Anzeichen für Streß auch an anderen Personen wahrnehmen. Sie können daran erkennen, ob Ihre Mitmenschen gestreßt sind. Und Sie können dann Ihr Verhalten ihnen gegenüber darauf ausrichten, sie nicht weiter zu belasten oder auch, um ihnen zu helfen, mit der sie belastenden Situation besser zurecht zu kommen.

3.   Folgehandlungen / Reaktionen

Ihre Bewertung eines Ereignisses führt in jedem Fall zu Ihrer persönlichen Reaktion

1. zunächst in Ihrem Körper (auf den drei oben beschrieben Ebenen), und
2. dann auch nach außen gerichtet in Ihren Gedanken und Worten, in Ihrem Handeln oder Unterlassen.

Wenn Sie ein Ereignis für Sie selbst negativ bewerten, wollen Sie Ihr Befinden natürlich (wieder) verbessern, um sich (wieder) stressfrei und wohl zu fühlen. Daher werden Sie Ihr weiteres Verhalten und Handeln entsprechend ausrichten.

Auf die Ihnen tatsächlich möglichen Handlungen selbst, Ihre konkrete Reaktion auf ein konkretes Ereignis, kann ich hier natürlich nicht weiter eingehen. Denn sie richtet sich nach den jeweiligen Umständen des einzelnen Ereignisses, der sich ergebenen Situation und den daraus folgenden Möglichkeiten zum Handeln. Wichtig ist jedoch grundsätzlich, und darum geht es mir hier, daß Sie bestehende Alternativen zunächst ruhig bedenken und dann bedacht handeln.

Entscheidend für Ihr weiteres Wohlergehen ist somit also in jedem Fall, daß Sie

1. die Auswirkungen auf Ihren Körper und damit eine für Sie unangenehme (stressende) Situation erkennen und
2. die Bewältigungsmöglichkeiten reflektieren, um dann anschließend
3. entsprechend sowie dem Ereignis angemessen zu handeln

und damit Ihre Situation, Ihr Wohlbefinden, zu verbessern und sich wieder glücklich(er) zu fühlen. Dazu ist es wichtig, daß Sie sich zunächst durch Ihre Wahrnehmungen informieren und sodann auch Vorstellungen über die Folgen Ihres eigenen Handelns machen.

Andernfalls werden Sie das Ereignis entweder hilflos und passiv erleiden oder panisch in planlose Hektik verfallen – in beiden Fällen werden sich Ihre Situation und Ihr Wohlbefinden jedoch kaum verbessern, sondern auf Dauer wahrscheinlich sogar eher noch verschlechtern. Denn Passivität führt zur Hilflosigkeit und planlose Hektik zum Versagen:

- Da sich Probleme eher selten selbst lösen, verstärkt *Passivität* das Gefühl der Hilflosigkeit, was dann wiederum zu weiterer Passivität führt.
- *Planlose Hektik* dagegen löst ebenfalls kaum ein Problem. Der sich einstellende Mißerfolg des hektischen Handelns verstärkt eher seinerseits den Streß, was wiederum zu weiterer Hektik führen kann.

Zwei Teufelskreise, die zudem untereinander eine Wechselwirkung entfalten können. Das Gefühl der Hilflosigkeit wird vom Mißerfolg genährt, der wiederum zur Passivität verführt.

Halten Sie also zunächst inne, sagen Sie zu sich selbst „Stop", um die Situation möglichst ruhig überdenken und bewerten zu können. Betrachten Sie das Ereignis objektiv (was haben Sie gesehen und was gehört?) und entscheiden Sie sich erst anschließend für eine angemessene Reaktion, mit der Sie Ihr Befinden verbessern – möglichst ohne dabei jedoch unangenehme Gefühle in anderen Menschen hervor zu rufen. Denn es ist wohl fast immer besser, erst etwas später zu handeln, dafür aber überlegt, statt sofort und unüberlegt.

Bleiben Sie also cool!

Werden Sie sich zunächst des Problems, der Ursache, bewußt. Vielleicht beschreiben Sie es sich selbst oder jemand anderem. Anschließend können Sie über

- mögliche Ursachen und
- denkbare Lösungen

nachdenken. Schließlich wählen Sie unter den denkbaren Lösungen diejenige(n) aus, die Sie tatsächlich und am besten und schnellsten umsetzen können, um Ihr Wohlbefinden zu verbessern und wieder glücklich(er) zu sein.

Dabei können Sie – ganz nach Bedarf – in jeder der drei oben genannten Phasen ansetzen:

- Sie können jederzeit die Möglichkeiten der kurzfristigen Entspannung nutzen, um Ihr „Streßlevel" zu senken, um sich zu beruhigen und wieder klar(er) zu denken.
- Sie können sich vorausschauend bemühen, für Sie unangenehme Situationen zu vermeiden und
- Sie können langfristig Ihren Körper belastbarer machen und Streß abbauen, um weitere Streßsituationen besser zu bewältigen.

In jedem Fall kommt es grundlegend darauf an, daß Sie zunächst die körperlichen Auswirkungen einer unangenehm empfundenen Situation „in den Griff" bekommen, damit diese nicht Ihr weiteres Vorgehen blockieren.

Die Gelassenheit ist Ihr Trumpf,
um gerade in „hektischen" Situationen
besonnen und überlegt handeln zu können
und damit glücklich zu bleiben.

II.   Der kurze Weg zum klaren Denken

Entscheidend in dem zuvor beschriebenen Gefüge ist also die Tatsache, daß Sie grundsätzlich in der Lage sind, ein Ereignis zunächst zu bewerten und erst anschließend darauf zu reagieren und zu handeln – oder auch nicht. Sie kennen vielleicht den alten Rat, noch „eine Nacht darüber zu schlafen", bevor Sie eine Entscheidung treffen. Nun muß es nicht immer eine Nacht sein, es können auch mehrere oder nur wenige Minuten sein. Jedoch lohnt es sich wohl in jedem Fall, über eine zu treffende Entscheidung zunächst eine angemessene Zeit nachzudenken und nicht voreilig – unüberlegt – zu handeln.

Unsere schnelllebige Zeit und gerade auch die digitale Welt verleiten vielfach zu sofortigen Entscheidungen. Täglich lassen sich den Medien Beispiele entnehmen. Doch schnelle Entscheidungen sind längst nicht immer gute Entscheidungen. Andererseits schadet es dagegen fast nie, vor einer zu treffenden Entscheidung zunächst über die möglichen Alternativen nachzudenken und die jeweiligen Folgen zu bedenken.

In jeden Fall müssen Sie (zunächst) Ihr „Streßlevel" senken, also ruhiger werden, als Sie aufgrund des Ereignisses sind, das Ihnen gerade unangenehme Gefühle beschert hat. Denn: „In der Ruhe liegt die Kraft".

Mit den folgenden Möglichkeiten zur kurzfristigen Erleichterung erhalten Sie zunächst auch nur ein gewisses Maß an Handlungsfähigkeit und Handlungskompetenz (zurück). Erst die langfristige Veränderung kann dann anschließend das eigentliche Problem lösen, also die Ursache beseitigen und Ihr Befinden auf Dauer (wieder) verbessern.

Allerdings können Sie Ihre Situation mit den kurzfristigen Erleichterungen immer und selbst dann verbessern, wenn die Ursache

Ihres unangenehmen Befindens selbst überhaupt nicht zu beheben sein sollte (weil z. B. eine Kritik tatsächlich berechtigt ist).

1. *Luft holen*

Um einen klaren Gedanken fassen zu können, atmen Sie zunächst immer erst einmal tief durch. Das beruhigt bereits, senkt Ihren Puls und verbessert Ihre Durchblutung. Außerdem benötigen Sie für jede weitere gedankliche und/oder körperliche Tätigkeit ohnehin Sauerstoff.

Dann überlegen Sie (wenigstens kurz), ob Sie überhaupt Einfluß auf das Ereignis und seinen weiteren Verlauf haben. Denn sicherlich wollen (und sollten) Sie Ihre Kräfte nicht für von vornherein aussichtslose Maßnahmen vergeuden.

2. *„Dampf ablassen"*

Angesichts einer unangenehmen Situation werden Sie sich sicher gleich besser fühlen, wenn Sie sich abreagieren:

- Bewegen Sie sich *körperlich*, um streßbedingte Energien abzuführen. Spannen Sie einzelne Muskel kurz an und lockern Sie sie anschließend wieder. Achten Sie dabei auf den Gegensatz von Anspannung und Entspannung. Laufen Sie die Treppe hoch und wieder runter oder einfach ums Haus. Jede – auch nur kurzfristige – Bewegung wird Ihnen bereits eine gewisse Erleichterung (Beruhigung) verschaffen und Ihr Befinden verbessern.
- Bewegen Sie sich *geistig* (emotional): reden Sie – mit wem auch immer. Dadurch entlasten Sie sich von den durch die unangenehme Situation entstandenen psychischen Energien. Auch das Aufschreiben des Erlebnisses kann Ihnen helfen, wenn gerade niemand bei Ihnen ist, dem Sie davon erzählen können oder wollen.

Steigern Sie sich jedoch nicht in die unangenehme Situation hinein. Stellen Sie abschließend immer fest, daß Ihnen die Ablenkung gut getan hat und Sie sich besser fühlen.

3. *Abstand nehmen*

Wenn es Ihnen möglich ist, nehmen Sie Abstand zum Ereignis. Wenigstens kurz, besser noch für längere Zeit, sowohl räumlich wie auch gedanklich. Gehen sie der unangenehmen Situation zunächst aus dem Weg, statt gleich und dafür vielleicht wenig überlegt zu reagieren.

Denken Sie lieber zunächst in Ruhe über die Situation nach, über die Folgen und Handlungsmöglichkeiten, damit Sie anschließend überlegt und angemessen handeln können ... Nur ein Notarzt muß sofort handeln, um das Leben des Verletzten zu retten.

Distanzieren Sie sich vom Auslöser: treten Sie einen Schritt zurück oder verlassen Sie den Raum (wenn Ihnen gerade keine andere Entschuldigung einfällt und Sie auch nicht rauchen, können Sie in jedem Fall mal eben auf die Toilette müssen). Durch eine räumliche Veränderung ändern sich Ihr Standpunkt und Ihre Perspektive. Allein dadurch sieht die Welt meistens gleich wieder ganz anders aus. Ein alter Talmud, eine mündliche Lehre der Gesetze und religiösen Überlieferungen des Judentums nach der babylonischen Gefangenschaft, besagt:

> *„Wer den Ort wechselt,*
> *verändert sein Schicksal. "*

Wenn Sie etwas mehr Zeit zur Verfügung haben, ergreifen Sie Aktivitäten, die Sie – körperlich und/oder geistig – von der Belastung ablenken. Betätigen Sie sich aktiv sportlich oder beschäftigen Sie sich mit anderen Dingen, um auf andere Gedanken zu kommen.

4.   Auszeit nehmen

Gönnen Sie sich tagsüber ruhig immer mal eine „kleine Auszeit". Verlieren Sie sich einfach in einem Tagtraum. Träumen Sie Ihren letzten Urlaub oder Ihren nächsten, oder das geplante Abendessen mit Freunden, oder ... einige Minuten, und Sie werden sich gleich entspannter fühlen.

Verzichten Sie auch auf die so „in" gewordene „Take-away"-Nahrung. Nehmen Sie sich lieber die (kleine Aus-) Zeit und genießen Sie Ihren Kaffee und/oder Snack im Sitzen. Dadurch vermeiden Sie nicht nur überflüssigen Müll, der unser aller Umwelt schadet, sondern Sie tun vor allem auch Ihrer Gesundheit etwas Gutes. So soll schon Winston Churchill gemahnt haben:

„Man muß dem Körper Gutes tun,
damit die Seele Lust hat, darin zu wohnen."

Mit einer schmackhaften und bewußt eingenommenen Mahlzeit nehmen Sie nämlich nicht einfach nur diejenigen Nährstoffe auf, die Ihr Körper benötigt. Sie verschaffen ihm zugleich auch eine entspannende Pause.

5.   Achtsam sein

Seien Sie achtsam. Mit Achtsamkeit für sich selbst und für Ihre Umgebung können Sie Ihr Wohlbefinden verbessern – jederzeit kurzfristig, bei wiederholter Übung aber auch vorbeugend und dauerhaft, jedes Mal ein wenig mehr.

- Wenn Sie irgendwo warten müssen, konzentrieren Sie sich einige Momente auf Ihrem Atem. Spüren Sie, wie die Luft in Ihre Lunge strömt und wieder hinaus.
- Wenn Sie gehen, spüren Sie, wie Ihre Füße den Boden berühren, fühlen Sie das Abrollen und Anheben Ihrer Fersen sowie die Gewichtsverlagerung.

- Wenn Sie jemandem zuhören (auf das Zuhören werde ich später noch ausführlicher zu schreiben kommen), hören Sie nur zu. Denken Sie nicht bereits daran, was Sie antworten wollen oder könnten.

Lenken Sie Ihre Aufmerksamkeit, Ihre Wahrnehmung, auf den Augenblick, spüren Sie sich selbst und nehmen Sie Ihre Umgebung bewußt war, ohne zu bewerten. Sie werden merken, wie gut das Ihrem Wohlbefinden tut.

Achtsam zu sein bedeutet im übrigen auch, *kein* „Multitasking" zu betreiben. Unter *Multitasking* wird gemeinhin die Fähigkeit verstanden, zwei oder gar mehrere, voneinander unabhängige Aufgaben zur selben Zeit (gleichzeitig) auszuführen. Doch bestehen begründete Zweifel daran, daß der Mensch überhaupt und tatsächlich multitaskingfähig ist.

- Versuchen Sie doch zum Beispiel nur einmal, mit der einen Hand einen Brief zu schreiben und gleichzeitig mit der anderen Hand ein Glas einzuschenken und etwas zu trinken ...

Tatsächlich gibt es sicherlich Menschen, die während der Bearbeitung zweier Aufgaben zur selben Zeit derart schnell von der einen zur anderen wechseln können, daß es den Anschein hat, sie bearbeiten beide Aufgaben gleichzeitig. Untersuchungen belegen allerdings, daß dabei die Aufmerksamkeit insgesamt sinkt und folglich die Fehlerquote steigt. Wobei eine gewisse Abhängigkeit der Leistung mit der Ähnlichkeit der Aufgaben, ihrer Schwierigkeit sowie der Übung einher geht.

- Auch ein Computer kann in seinem Rechner tatsächlich immer nur eine Rechnung nach der anderen durchführen ... freilich in schneller Folge hintereinander.

Zur selben Zeit kann ein Mensch daher wohl nur dann zwei Aufgaben ausführen, wenn nur die eine Aufgabe vom Bewußtsein, die andere jedoch vom Unterbewußtsein gesteuert wird. Denn dann braucht sich das Gehirn im Grunde nur auf die eine Aufgabe zu konzentrieren.

6.   *Positiv denken*

Denken Sie positiv und bringen Sie sich auf andere Gedanken. Das geht jederzeit und wirkt sofort. Denn Ihre Gedanken beeinflussen Ihr Handeln – ob Sie das wollen oder nicht!

- Unterbrechen Sie unangenehme Gedanken und richten Sie Ihre Konzentration auf angenehme Erinnerungen, Gegenstände oder Vorstellungen. Nehmen Sie zum Beispiel Ihre unmittelbare Umgebung mit allen Sinnen war, denken Sie an das verabredete Treffen mit Freunden oder erinnern Sie sich an Ihren letzten Ausflug oder Urlaub.

- Betrachten Sie immer auch die andere Seite der Medaille. Denn alles hat bekanntlich zwei Seiten, selbst Negatives hat meistens auch eine gute Seite. Konzentrieren Sie sich auf diese, um sich selbst zu motivieren. Und wenn Sie die andere Seite nicht gleich finden, hilft Ihnen dabei vielleicht ein Wechsel der Perspektive.

Wenn Sie zum Beispiel der Drängler auf der Autobahn nervt, lassen Sie ihn doch vorbei (und jemand anderen hinten drauf fahren). Freuen Sie sich, wenn Ihr Mechaniker zu Ihnen sagt „Ihr Auto braucht eine neue Batterie" statt „Ihre Batterie braucht ein neues Auto". Und freuen Sie sich auch, wenn Sie im Stau stehen, denn dann haben nicht Sie ihn verursacht, sondern Sie sind gesund, Ihr Auto auch, und Sie haben unverhofft Zeit, Ihre Lieblings-CD zu hören. Es ist nämlich allemal besser, Sie stehen hinten im Stau, statt vorn am Unfall beteiligt zu sein.

- Denken Sie an andere. Relativieren Sie Ihre Situation und vergleichen Sie diese mit denen Ihrer Mitmenschen. Geht es denen auch so schlecht, besser oder gar schlechter?

Ihre Gedanken wirken sich nämlich nicht nur bewußt, sondern recht wesentlich auch *un*bewußt auf Ihr Handeln aus, auf Ihre Worte, Ihre Mimik und Ihre Gestik. Wolfgang Hofer hat dies (wie ich vermute nach einem überlieferten Talmud) in einem Text für Udo Jürgens so formuliert:

„Achte auf Deine Gedanken,
denn sie werden Worte.
Achte auf Deine Worte,
denn sie werden zur Tat.
Achte auf Deine Taten,
denn sie werden Dein Schicksal.
Was in Zukunft wächst, ist Deine Saat. "

Positiv zu denken fällt uns nicht immer leicht. Oftmals sehen wir nämlich nur das Negative, die Fehler und schlechten Seiten, und übersehen dabei die positiven Aspekte. Schauen Sie sich doch zum Beispiel die folgenden Zahlen an. Was fällt Ihnen daran auf?

$$2 + 4 = 6$$
$$7 - 2 = 5$$
$$6 + 3 = 7$$
$$4 + 4 = 8$$
$$8 - 2 = 6$$
$$6 - 4 = 2$$

Richtig: ein Ergebnis ist falsch. Sie können aber auch erkennen, daß fünf Ergebnisse richtig sind, daß viermal ein gerades und zweimal dasselbe Ergebnis heraus kommt, daß drei Additions- und drei Subtraktionsaufgaben dabei sind und daß die Aufgaben insgesamt fünf verschiedene Ergebnisse ergeben.

Es ist umso wichtiger, positiv zu denken, weil sich dies auch langfristig positiv auf Ihr Wohlbefinden und Ihre Gesundheit auswirken wird. Denn positives Denken stärkt Ihr Immunsystem.

Wenn der letzte Strohhalm,
an den Sie sich verzweifelt klammern,
in einem Cocktail steckt,
dann geht's doch eigentlich! Oder?

III.   Dauerhafte Gelassenheit

Damit Sie nun Ereignisse zu Ihren Gunsten beeinflussen und unangenehmen Gefühlen zuvor kommen, können Sie vorbeugend Techniken zur langfristigen Entspannung anwenden. Damit werden Sie belastende Situationen selbst und damit auf Dauer beseitigen oder deren Eintritt für die Zukunft verhindern. Es gilt, mit ruhigen Gedanken systematisch effektive Lösungen zu erarbeiten, um

- bestehende Probleme zu lösen und
- zukünftige Belastungen zu vermeiden oder wenigstens abzuschwächen.

Grundlegendes Ziel aller Maßnahmen ist auch hier, Gelassenheit zu wahren, um klare Gedanken zu fassen und überlegt zu agieren.

Um die erste Aufregung eines Ereignisses zu verarbeiten, haben Sie bereits die Möglichkeiten der kurzfristigen Entspannung kennen gelernt. Wenden wir uns daher nun den Möglichkeiten zu, mit langfristiger Wirkung grundsätzlich ruhiger zu bleiben und bedacht zu handeln, um das eigene Wohlbefinden wieder herzustellen und dauerhaft zu erhalten.

1.   *Probleme systematisch angehen*

Mit der Taktik der systematischen Problemlösung können Sie in kleinen Schritten Lösungen für Ihre persönlichen Belastungen erarbeiten:

1. Zunächst müssen Sie natürlich die *Belastung erkennen*. Dazu beschreiben Sie – sich selbst oder einer vertrauten Person – die Sie belastende Situation. Achten Sie dabei darauf, sich nur auf das objektiv und von jedermann Wahrnehmbare zu konzentrieren und nicht bereits eine Bewertung vorzunehmen: Was haben Sie gesehen und was haben Sie gehört?

2. Sodann beurteilen Sie das Problem (was denken Sie und was fühlen Sie?) und erstellen eine Liste der *möglichen Ursachen*.
3. In einer zweiten Liste fassen Sie nun alle *denkbaren Lösungsmöglichkeiten* zusammen. Dabei kommt es nur darauf an, daß eine Lösung grundsätzlich möglich ist, nicht jedoch darauf, ob sie auch tatsächlich sinnvoll ist.
4. Denn erst anschließend bewerten Sie die möglichen Lösungen danach, ob und wie gut sie tatsächlich zur Lösung Ihres Problems *geeignet* sind und ob sie von Ihnen (selbst oder durch Aufgabenverteilung) umgesetzt werden können.
5. Nachdem Sie sich für eine oder mehrere der erarbeiteten, geeigneten und realisierbaren Lösungen entschieden haben, können Sie mit der *Umsetzung* beginnen. Legen Sie dazu in einer letzten Liste fest, wer (Sie selbst oder ein Dritter) was wann konkret durchführt.

Abschließend dürfen Sie natürlich nicht vergessen, in Ihrem Kalender noch den Termin einzutragen, an dem Sie kontrollieren, ob Ihre Lösung zum Erfolg geführt hat.

Eigentlich haben Sie natürlich gar keine Probleme,
sondern nur Herausforderungen,
die Sie selbstverständlich meistern.

Mit der systematischen Problemlösung entscheiden Sie logisch und konsequent
- nach zeitlicher Dringlichkeit und
- sachlicher Wichtigkeit, ob und wie Sie
- sofort und selbst oder
- erst später und/oder durch andere
- handeln oder nicht handeln.

Aufgrund des systematischen Vorgehens werden Sie in der Lage sein, selbst komplexere Probleme „in den Griff" zu bekommen. Denn grundsätzlich wird es wohl für jedes Problem eine Lösung geben! Allerdings:

„Probleme kann man niemals mit derselben Denkweise lösen,
durch die sie entstanden sind. "

soll Albert Einstein gesagt haben. Denken Sie also anders, wechseln
Sie die Perspektive und gehen Sie systematisch vor.

2.   „Plan B" mitplanen

Planen Sie, wenn möglich, einen „Plan B" mit. Für den Fall, daß Ihr
geplantes Vorhaben doch nicht zu verwirklichen ist oder – aus welchem Grund auch immer – nicht gelingt.

Es geht auch anders!
Meistens jedenfalls.

Ein „Plan B" nimmt Ihnen wenigstens ein wenig den Erfolgsdruck
und verschafft Ihnen zugleich die beruhigende Gewissheit, daß Sie
auch auf einem anderen Weg weiter kommen.

3.   Streß abbauen

Auch auf lange Sicht gesehen wird es Ihnen gut tun, Anspannung
und Entspannung im *Gleichgewicht* zu halten. Und alles, was gut tut,
tut gut. Die oben genannten Möglichkeiten zur kurzfristigen Entspannung und zum kurzfristigen Abbau von Streß können Sie daher, jedenfalls zum Teil, auch langfristig anwenden.

Wobei sich gerade Streß abbauende körperliche *Bewegung* gut in den
Tag „einbauen" läßt und dann ihre Langzeitwirkung entfaltet. Legen
Sie sich einen Schrittzähler zu (z. B. als Handy-App), der wird Sie
motivieren.
- Den Tipp, die Treppe statt des Fahrstuhls zu nehmen, kennen
  Sie sicherlich. Einfach und doch wirkungsvoll – auch und ge-

rade dann, wenn Sie etwas aufgeregt zu einem anstehenden Termin eilen.

- Doch haben Sie als „Laternenparker" schon einmal daran gedacht, Ihr Auto nicht direkt vor dem Haus, sondern einfach mal einige Laternen weiter zu parken?
- Als Nutzer öffentlicher Verkehrsmittel könnten Sie nicht die nächstliegende Haltestelle nehmen, sondern die übernächste. Und steigen Sie eine Station früher aus.
- Wenn Sie (z. B. von der Arbeit) nach Hause kommen, gehen Sie nicht gleich hinein, sondern erst einmal um „den Block", oder wenigstens ums Haus herum.
- Bevor Sie ins Haus gehen, bleiben Sie noch einen Moment draußen vor der Tür stehen und legen dort Ihre Gedanken (an die Arbeit) ab. Sie können sie dort am nächsten Morgen (auf dem Weg zur Arbeit) wieder aufnehmen.
- Genauso gut können Sie auch, wenn Sie weg wollen und das Haus verlassen, erst einmal drumherum gehen. Wobei Sie sich auch gleich vergewissern können, ob Sie alle Fenster geschlossen haben, damit es Einbrecher nicht gar so leicht haben.

Ohnehin ist sportliche Aktivität immer gut. Durch *Sport* lassen sich Erkrankungen vermeiden, vermindern und sogar heilen. Untersuchungen belegen die positive Wirkung regelmäßiger Bewegung zum Beispiel bei Diabetes, Bluthochdruck und Herzleiden, bei Depressionen und Krebserkrankungen. Schon leichteres Training – wie zum Beispiel ein täglicher Spaziergang – führt zu einer spürbaren Verbesserung des Wohlbefindens (nicht nur der Erkrankten), bringt Kreislauf und Stoffwechsel in Schwung und stärkt das Immunsystem. Der Hydrotherapeut und Naturheilkundige Sebastian Kneipp soll es so auf den Punkt gebracht haben:

„Wer nicht jeden Tag etwas Zeit für seine Gesundheit aufbringt, muß eines Tages sehr viel Zeit für die Krankheit opfern."

Den positiven Effekt der Bewegung können Sie noch erheblich steigern, wenn Sie sich „im Grünen" bewegen, also in einer Parkanlage oder im Wald. Der Förster Peter Wohlleben zum Beispiel hat recht eindrucksvoll beschrieben, wie sozial der Wald lebt. Kann es da erstaunen, daß es uns Menschen gut tut, sich im Wald aufzuhalten?

Mein Großvater war immer bestrebt, jeden Tag wenigstens einmal durch seine eigene körperliche Aktivität ins Schwitzen zu kommen. Nun: er war selten krank und und ist bei recht guter Gesundheit 92 Jahre alt geworden ...

4. *Entspannungstechniken nutzen*

Vielleicht haben Sie schon die eine oder andere Entspannungstechnik kennen gelernt? Damit Sie eine dauerhafte Gelassenheit erhalten, können Sie sich auch dieser Möglichkeiten zur Entspannung bedienen. Entspannungstehniken nutzen grundsätzlich den Zusammenhang und die Wechselwirkung von körperlicher Entspannung und geistiger Entspannung: lockert man körperliche Verspannungen, lösen sich auch geistige – und umgekehrt! Körper und Geist bilden eben eine Einheit und beeinflussen sich gegenseitig.

Dementsprechend liegen den Entspannungstechniken regelmäßig Übungen zugrunde, die den Körper und/oder den Geist beanspruchen, lockern und ablenken. Zu den Entspannungstechniken zählen insbesondere

- *Atemübungen:* Atemübungen sind wohl am leichtesten erlernbar, zudem fast immer und überall durchführbar und sie führen zu unmittelbarer Entspannung. Gemein ist den Atemübungen, daß Sie sich dabei auf ein regelmäßiges Ein- und Ausatmen konzentrieren (z. B. durch Zählen der Atmungen). Bereits dadurch bringen Sie Körper und Geist zur Ruhe – einfach und effektiv.
- *Progressive Muskelentspannung* nach dem amerikanischen Arzt Edmund Jacobson: Bei dieser ebenfalls relativ leicht erlernbaren Entspannungstechnik werden einzelne Muskelparti-

en in einer bestimmten Reihenfolge nacheinander bewußt zunächst angespannt und dann wieder entspannt. Dieser Wechsel zwischen Anspannung und Entspannung sowie die Konzentration auf die damit verbundenen Empfindungen führt zu einer tiefen Entspannung (nicht nur der Muskulatur), die sich wohltuend auf den gesamten Körper auswirkt.

- *Autogenes Training:* Das autogene Training wurde von dem Berliner Psychiater Johannes Heinrich Schultz aus der Hypnose entwickelt und bereits im Jahr 1926 vorgestellt. Die Methode basiert auf Autosuggestion, die zu einer von innen heraus erzeugten Entspannung führt.

- *Yoga:* diese indische philosophische Lehre vereint körperliche Übungen und Meditation mit Atem- und Konzentrationsübungen. Verschiedene Yoga-Übungen unterstützen traditionell die Meditation. Und das „Lachyoga" dürfte eine der ungewöhnlichsten, dafür vielleicht die amüsanteste Form der Entspannung darstellen. Diese Variante des Yoga stellt das grundlose Lachen in den Vordergrund und nutzt die positiven Effekte des Lachens auf unser Wohlbefinden.(auf die ich noch eingehen werde).

- *Meditation:* Die Meditation ist eine spirituelle Praxis zur Entspannung, bei der sich durch Achtsamkeits- und Konzentrationsübungen insbesondere der Geist beruhigen soll. Es werden insbesondere Techniken der passiven sowie der körperlich aktiven Meditation unterschieden. Beide Formen können aktive Lenkung der Aufmerksamkeit oder auch passives Loslassen und Geschehenlassen beinhalten. Die Meditation wird in vielen Kulturen und Religionen ausgeübt.

- *Achtsamkeitstraining:* Das Achtsamkeitstraining verbindet verschiedene Techniken, insbesondere des Yoga und der Meditation, zur allgemeinen Verbesserung der Körperwahrnehmung. Die Aufmerksamkeit wird dabei auf den Augenblick gelenkt, ohne zu urteilen. Die sich einstellende Entschleunigung und Entstressung des Körpers verbessert nicht nur nachhaltig das allgemeine Wohlbefinden, sondern wirkt sich zudem positiv auf eine ganze Reihe Erkrankungen aus.

Sicherlich liegt nicht jedem jede Entspannungstechnik. Auch ist zu berücksichtigen, daß Entspannungstechniken grundsätzlich ihre Wirkung nur und erst entfalten, wenn man sie auch regelmäßig wiederholt. Andernfalls können sie allenfalls eine kurzzeitige Entspannung begünstigen. Doch es kann sich für Sie lohnen, wenn Sie die verschiedenen Übungen wenigstens ausprobieren!

Haben Sie sich heute schon eine Massage der Fußsohlen gegönnt? Auch diese kann sehr entspannend sein und sich positiv auf Ihr Wohlbefinden auswirken. Dabei muß es keine professionelle Fußreflexzonenmassage sein. Auch ihr Partner, Ihre Partnerin, kann Sie beruhigend, entspannend und entstressend massieren.

Und wenn Sie irgendwo an einem Barfußpfad vorbei kommen, laufen Sie ihn ab. Die unterschiedlichen Bodenbeläge massieren Ihre Fußsohlen und tragen ähnlich zu Ihrer Entspannung bei, wie eine Fußmassage.

5. Gewohnheiten verbessern

Für Ihr dauerhaftes Gleichgewicht ist es auch wichtig, daß Sie Ihre Gewohnheiten konsequent und regelmäßig überdenken und die schlechten dauerhaft ändern – in gute! Machen Sie sich das zur Gewohnheit.

Das mag zunächst nicht leicht erscheinen, aller Anfang ist bekanntlich schwer und der „innere Schweinehund" will ja auch erst überwältigt werden. Doch „steter Tropfen höhlt den Stein" und es lohnt sich, weil der Erfolg vermutlich kaum lange auf sich warten lassen wird und Sie zudem weiter motiviert. Denken wir noch einmal an den Talmud, eine weitere Zeile lautet:

„Achte auf Deine Taten,
denn sie werden Gewohnheiten. "

Unter dem Begriff *Gewohnheiten* sind regelmäßiges Verhalten und regelmäßige Verhaltensweisen zu verstehen. Gewohnheiten sind in der Regel erlernt. Sie sind auch grundsätzlich gut und nützlich. Denn andernfalls müßten wir uns auf jede Kleinigkeit, die wir regelmäßig und immer wieder erledigen, voll konzentrieren. Es erleichtert uns unser Leben und entlastet unser Gehirn, daß wiederkehrende Tätigkeiten vom Unterbewußtsein übernommen und gesteuert werden – also sozusagen automatisch ablaufen.

Erst dann, wenn wir Gewohnheiten ausüben, die wir eigentlich nicht wollen, werden diese problematisch. Und das kann relativ leicht passieren. Denn das Unterbewußtsein übernimmt die Regie bereits aufgrund weniger Wiederholungen und unser Gehirn erfaßt den Zusammenhang von Ursache/Reiz und Wirkung/Reaktion recht schnell:

- Zum Beispiel erkennt Ihr Geist, daß Sie ruhig werden, sobald Sie eine Zigarette rauchen oder ein Glas Wein/Bier trinken. Und schon nach wenigen Zigaretten haben Sie die (schlechte) Gewohnheit, sich einen Glimmstengel anzuzünden oder ein Gläschen einzuschenken, wenn Sie nervös werden … weil Ihr Unterbewußtsein eben gelernt hat, daß Sie das beruhigt.

Derart angeeignete – angewöhnte – Verhaltensweisen können Sie glücklicherweise durchaus auch wieder „verlernen", indem Sie stattdessen angemessene Denk- und Verhaltensweisen erlernen. Sie müssen Ihr Unterbewußtsein sozusagen *umprogrammieren*. Dazu müssen Sie sich bewußt den Reiz geben, um anders als gewöhnlich zu handeln. Dies wird Ihnen leichter fallen, wenn Sie zunächst bedenken, daß sich hinter Ihren schlechten Gewohnheiten immer unerfüllte Bedürfnisse verstecken.

1. Nehmen Sie sich also ein Blatt Papier und schreiben Sie auf, was Sie regelmäßig und immer wieder – eben aus Gewohnheit – tun, jedoch gern ändern würden. Wenn Sie sich Ihren Änderungswunsch bewußt machen, haben Sie bereits den ersten Schritt zur Veränderung hinter sich.

2. Anschließend überlegen Sie, welches Bedürfnis hinter Ihrer Gewohnheit steht (weshalb Sie so handeln) und aufgrund welches (anderen) Bedürfnisses Sie die Gewohnheit ändern wollen.

3. Dann notieren Sie die konkrete Handlung, mit der Sie die Änderung herbeiführen wollen und auch können, und führen diese aus.

Schließlich hängen Sie sich den Zettel dorthin, wo Sie ihn immer wieder sehen (zum Beispiel an die „gute alte" Kühlschranktür oder Ihren Badezimmerspiegel). So kann er ähnlich einer Hypnose wirken.

Denkstrukturen und Gewohnheiten lassen sich zum Glück oft viel leichter und schneller ändern, als wir denken. Zuweilen genügen bereits wenige Anläufe:

- Stellen Sie zum Beispiel Ihren Papierkorb doch einfach mal für ein paar Tage auf die andere Seite vom Schreibtisch ...
- Nehmen Sie Ihr Trinkglas oder den Tischtennisschläger einige Zeit in die andere Hand …
- Putzen Sie sich die Zähne ein paar Tage mit der anderen Hand …
- Wenn Sie noch über eine Armbanduhr verfügen, tragen Sie diese einige Zeit am anderen Handgelenk …
- Sortieren Sie die Icons auf Ihrem Smartphone immer mal wieder anders ...

und nehmen Sie wahr, was passiert. (Wenn Sie das albern finden, probieren Sie es trotzdem und machen Sie mir anschließend einen besseren Vorschlag!)

6. *Aufregung und Ärger verarbeiten*

Fühle Sie sich glücklich, wenn Sie sich über etwas aufregen oder gar ärgern? Sicher nicht, denn zu viel Aufregung und vor allem Ärger kann Ihnen Streß bereiten und Sie unglücklich machen. Deshalb sollten Sie beides vermeiden oder jedenfalls möglichst schnell wieder los werden. Denn wenn Sie Ärger unterdrücken (ihn „in sich hinein fressen"), werden Sie entweder irgendwann „platzen" oder krank werden.

Und wenn Sie andererseits Ihren Ärger ausdrücken, werden Sie damit Ihre unangenehmen Gefühle verstärken und/oder verlängern und sich in der Folge „auf Ärger programmieren". Außerdem ist es nicht in jeder Situation angebracht, seinen Ärger direkt und unmittelbar kund zu geben, Sie könnten dadurch sich und/oder anderen schaden. Bevor Sie sich also aufregen, fragen Sie sich lieber zuerst:

- Nützt mir mein Ärger, ändert er etwas an der Situation?
- Kann ich die Situation überhaupt ändern?

Wenn Sie sich ärgern, wollen Sie nämlich eigentlich etwas erreichen. Denn hinter Ihrem *Ärger* steckt ein unangenehmes Gefühl und damit ein *unerfülltes Bedürfnis*. Die Realität deckt sich nicht mit Ihren Vorstellungen. Diese Vorstellungen gilt es folglich zu erkennen und zu verwirklichen ... Denn je länger Ihr Ärger anhält, je länger Sie sich Ihre Wünsche nicht erfüllen können, umso unglücklicher werden Sie. Oder, wie William Sommerset Maugham zu bedenken gab:

> *„In jeder Minute, die man mit Ärger verbringt,*
> *versäumt man sechzig glückliche Sekunden."*

Die hinter Ärger stehenden *Bedürfnisse* und damit verbundenen *Ängste* lassen sich grundsätzlich in vier Kategorien einordnen:
- Das Bedürfnis nach Nähe, dem die Angst vor Distanz (Verlust) gegenüber steht.
- Das Bedürfnis nach Abstand (Distanz), dem die Angst vor Nähe entgegen steht.
- Das Bedürfnis nach Dauer, das mit einer Angst vor Veränderung (Verlust) einhergeht, und schließlich
- das Bedürfnis nach Wechsel/Veränderung, dem wiederum die Angst vor der Dauerhaftigkeit gegenüber steht.

Für Ihre Mitmenschen gilt natürlich dasselbe: wenn jemand Ihnen gegenüber seinen Ärger kund tut, macht er vor allem eine Aussage über sich selbst, über *seine* unerfüllten Bedürfnisse. Sobald Sie sich drüber im Klaren sind, wird es Ihnen leichter fallen, sich nicht angegriffen zu fühlen und Ihrerseits nicht in einen Gegenangriff überzugehen.

Analog zu den vorstehend genannten vier Grundbedürfnissen läßt sich übrigens auch die *Persönlichkeit* der Menschen in vier „Grundcharaktere" unterscheiden:

- der gefühlsorientierte, Nähe suchende, sich eher ruhig, zurückhaltend und beziehungsorientiert verhaltende;
- der freundlich offene, verständnisvolle und begeisterungsfähige;
- der introvertierte, sachorientierte und gewissenhafte, der Abstand hält und sich auf das Thema konzentriert, die Argumente abwägt und für den Beständigkeit wichtig ist; sowie
- der extrovertierte, der kontaktfreudig aber auch dominant sowie offen für Veränderungen ist.

Der *Charakter* definiert sich dabei durch diejenigen persönlichen Kompetenzen (Kenntnisse und Fähigkeiten) sowie Gewohnheiten, die das moralische Verhalten eines Menschen beeinflussen. Hier sind insbesondere die Fähigkeit zur Empathie sowie zur Selbstkontrolle zu nennen.

Jeder Mensch entwickelt die Grundzüge seines Charakters genetisch bedingt bereits vor seiner Geburt. Die genetisch bedingte Persönlichkeit zeigt sich im wesentlichen in der äußeren Erscheinung eines Menschen. Die weitere Prägung erfolgt dann nach der Geburt (im wesentlichen bis zur Pubertät) durch die äußeren Einflüsse – die Erziehung, das soziale Umfeld, prägende Erlebnisse – und wird darüber hinaus durch die jeweiligen Umstände und Umwelteinflüsse beeinflußt.

Natürlich lassen sich diese vier Grundcharaktere nicht klar voneinander abgrenzen. Sie überschneiden sich vielmehr und bilden Schnittmengen. Aber jeder Mensch neigt ein wenig mehr oder weniger zu der einen oder anderen Persönlichkeit als andere. Und wenn Sie diese erkennen und sich auf Ihr Gegenüber entsprechend einstellen, auf seine/ihre Bedürfnisse eingehen, werden Sie einen „besseren Draht" zueinander bekommen, Ihre Kommunikation verbessern sowie Ihrer beider Umgang ganz allgemein und zudem wesentlich erleichtern … mit Ihren Kollegen, dem Vorgesetzten, Ihren Angestellten und Mitarbeitern, den Kunden oder Lieferanten, Ihren Kindern, Verwandten, Freunden oder Bekannten ...

Doch zurück zum Stichpunkt Ärger. Falls Sie glauben, das Verhalten anderer Menschen oder deren Äußerungen seien die Ursache für Ihren Ärger, denken Sie um: Äußerungen oder Verhalten anderer sind immer nur der Auslöser. Tatsächlich ärgern Sie sich nämlich, weil Ihre eigenen Bedürfnisse (wenn auch durch das Verhalten der anderen) nicht erfüllt werden.

Nun können Sie natürlich versuchen, Einfluß auf die anderen Menschen zu nehmen, indem Sie diese darum bitten, Ihnen Ihr Bedürfnis zu erfüllen. Aber wenn sich Ihr Bedürfnis nicht erfüllen läßt, also auch weder Ihr Ärger noch Sie selbst etwas an der Situation ändern können, ist Ihr Ärger sinnlos. Diese Erkenntnis mag zwar enttäuschend sein, wird dafür jedoch Ihr Befinden verbessern, weil Sie sich nicht mehr ärgern müssen. Der amerikanische Theologe Reinhold Niebuhr brachte es so auf den Punkt:

„Gib mir die Gelassenheit, Dinge hinzunehmen,
die ich nicht ändern kann,
den Mut, Dinge zu ändern, die ich ändern kann,
und die Weisheit, das eine vom anderen zu unterscheiden."

Wenn Sie sich nun aber doch ärgern, bedenken Sie die Situation, das Ereignis (das, was Sie sehen und/oder hören), und überlegen Sie folgendes:
- Haben Sie selbst Einfluß auf die Situation (z. B. darauf, daß Sie in diesem Moment im Stau stehen, statt bereits zu Hause

zu sein)? Oder wollen Sie jemand anderen zu etwas veranlassen, das dieser nicht kann oder nicht will?

- Ist die Situation wahr? Sind Sie sicher? Welche von der Realität (in Stau zu stehen) abweichende Wunschvorstellung haben Sie?
- Sind Sie auch wirklich sicher, daß es für Sie wie besser wäre (daß Sie sich besser fühlen würden), wenn Ihre Wunschvorstellung Realität wäre? Was wäre dann passiert? Wie würden Sie sich dann fühlen? (Sie stünden nicht im Stau, hätten ihn jedoch vielleicht verursacht)
- Sind Sie sicher, daß es für Ihre Mitmenschen besser wäre, wenn Ihre Wunschvorstellung Realität wäre? (Vielleicht profitieren diese von der Realität?)
- Was bringt Ihnen der Gedanke (Ihr Ärger)? Wie reagieren Sie – selbst und anderen gegenüber – darauf? (Löst sich der Stau durch Ihren Ärger auf?)
- Sind Sie sicher, daß Sie sich – langfristig – besser und glücklicher fühlen würden, wenn Ihre Wunschvorstellung Realität wäre?
- Wie würden Sie sich (rein theoretisch) fühlen, wenn Sie sich nicht ärgern würden? (Gut! ... denn Sie sind gesund, Ihr Auto auch, und Sie haben unverhofft Zeit, Ihre Lieblings-CD zu hören)

Denken Sie nun um und damit an die positive Seite der Situation. Dadurch verarbeiten Sie Ihren Ärger und konzentrieren sich auf die Möglichkeiten, die Sie tatsächlich haben, um Ihre Situation zu verbessern und wieder glücklich(er) zu sein ... Es ärgert Sie nicht mehr, daß Sie noch im Stau stehen, weil sich Ihre Einstellung ändert:

- Sie stehen nicht (mehr) im Stau, weil Sie es müssen, sondern
- Sie stehen zwar im Stau, tun aber, was Sie wollen.

Sie nutzen die Zeit zu Ihren Gunsten und beschäftigen sich mit etwas, das Ihnen Freude bereitet.

Genau so muß es Sie zum Beispiel auch nicht mehr ärgern, wenn Sie vergeblich möchten, daß Ihr Kind sein Zimmer oder der Kollege seinen Schreibtisch aufräumt: Haben Sie darauf Einfluß? Ist das Zimmer (der Schreibtisch) wirklich unordentlich, oder empfindet Ihr Kind oder der Kollege die Unordnung vielleicht als Ordnung? Wäre „Ihre" Ordnung besser (für Ihr Kind oder den Kollegen – oder für Sie selbst)? Und wem fällt die (Un-) Ordnung überhaupt auf?

7.   Abgeben und verteilen

Lernen Sie abzugeben und „nein" zu sagen. Ihre Mitmenschen werden es akzeptieren und die Welt wird auch nicht untergehen, wenn Sie sich nicht selbst um alles kümmern. Selbst als Selbständiger müssen Sie sich nicht selbst und ständig um alles kümmern. Denn Ihr Leben, insbesondere Ihr berufliches, ist kein kurzer Sprint, bei dem Sie sich verausgaben und „alles geben" können. Es gleicht eher einem Marathonlauf, bei dem Sie Ihre Kräfte einteilen müssen, damit Sie das Ziel erreichen. Und wie beim Staffellauf sollten Sie dabei die Aufgaben verteilen. Im Gegenzug werden sie sich dafür dauerhaft besser fühlen.

- *Delegieren* Sie, geben Sie Ihre Aufgaben wenigstens teilweise an andere ab, um sich selbst zu entlasten. Lassen Sie los und kümmern Sie sich nicht weiter. Sie können nicht alles selbst erledigen und müssen es auch nicht.
- Sagen Sie *„nein"* und lassen Sie andere die Dinge selbst erledigen, anstatt ihnen die Arbeit abzunehmen. Auch damit erhalten Sie mehr Freiraum und Zeit für sich.

Aufgaben abgeben und verteilen können Sie zu Hause, bei der Gestaltung Ihrer Familienzeit und Ihrer Freizeit, wie auch im Berufsleben. Dabei sollten Sie Delegieren durchaus als Teil der Erziehung (Ihrer Kinder) und Führung (Ihrer Kollegen) betrachten: solange Sie anderen keine Aufgaben überlassen, können diese auch nicht mit den Aufgaben wachsen. Und das müssen sie, damit sie Sie vertreten können (wenn Sie zum Beispiel Urlaub machen wollen oder krank werden sollten). Außerdem können Sie bedenken: Kontrolle ist gut, Vertrauen ist besser. Oder, wie Winston Churchill es formuliert haben soll:

„Ein kluger Mann macht nicht alle Fehler selbst,
er gibt auch anderen eine Chance. "

Kennen Sie das Lied „Nur noch kurz die Welt retten" von Tim Bendzko? Oder zählen Sie (sich) eventuell auch zu den „Handy-Süchtigen", zu denjenigen, die glauben, immer und überall erreichbar sein zu müssen, weil ohne sie „nichts geht"? Wie haben Sie das vor zwanzig Jahren, vor der Erfindung des Handys, geregelt, mußten Sie damals schon jederzeit und überall telefonieren (können)?

Bedenken Sie: vorübergehend *nicht erreichbar* zu sein, entlastet Sie und trägt damit recht wesentlich zu Ihrer Entstressung bei. Denn wenn Ihr Telefon nicht ausgeschaltet ist, werden auch Sie nicht „abschalten" können. Wenn es Ihnen schwer fällt, trainieren Sie es:

- Lassen Sie Ihr Handy zunächst wenigstens für einen kurzen Spaziergang zu Hause,
- dann längere Zeit.
- Schalten Sie es konsequent aus, während Sie einen Termin haben,
- oder während Sie eine Mahlzeit zu sich nehmen.
- Wenn Sie es probieren, werden Sie feststellen, daß Sie auch während Ihrer Autofahrten nicht telefonieren müssen – was Sie im günstigeren Fall nur ein Bußgeld, im ungünstigsten Fall jedoch Ihr Leben und/oder das eines anderen Menschen kosten könnte.

Sie können dieses „Training" langsam steigern. Der Erfolg wird Sie vermutlich positiv überraschen.

- Und wenn Sie sich gut fühlen, dann schalten Sie Ihr Smartphone ganz aus, legen es gut weg und nehmen es erst nach 24 Stunden wieder in die Hand.

Nutzen Sie die Vorteile des Smartphones zu Ihren Gunsten. Damit können Sie Ihr Leben erleichtern. Aber passen Sie auf, daß Sie von der „Faszination Technik" nicht abhängig werden. Damit könnten Sie Ihr Leben erschweren und einige (Lebens-) Zeit verschwenden.

Wenn Sie dennoch glauben, permanent erreichbar sein zu müssen, wäre allerdings wohl für Sie der richtige Zeitpunkt zum Nachdenken:

- Über Ihre Einstellung: Müssen Sie wirklich ununterbrochen erreichbar sein? Sind das andere auch? Was kann passieren, wenn Sie vorübergehend nicht erreichbar sind?
- Über Ihre Arbeitsorganisation: Sind Ihre Arbeitsabläufe reibungslos, haben Sie einen Stellvertreter? Welcher Kollege oder Mitarbeiter kann Ihre Telefonate für Sie annehmen?

Gewöhnen Sie sich (dar)an, Aufgaben zu verteilen. Denn wenn es nicht um (Menschen-) Leben geht, dürfte nichts so wichtig sein, daß es nicht auch einige Zeit warten kann. Und wenn Sie einen „guten Stellvertreter" haben, wird er eine kritische Situation auch ohne Sie bewältigen, wenigstens vorläufig.

8. Einstellungen ändern

Sind Sie eigentlich mit Ihren Einstellungen zufrieden? Haben Sie schon darüber nachgedacht, welchen Einfluß Ihre (negativen) Einstellungen auf Ihr Wohlbefinden haben? Und können Sie sich vorstellen, Einstellungen zu ändern, um grundsätzlich positiv zu denken und auf die eigenen Fähigkeiten zu vertrauen – um damit langfristig glücklicher zu werden?

Dann tun Sie es! Denn *Einstellungen* sind grundsätzlich erlernte Bewertungshaltungen. Sie beeinflussen unsere Wahrnehmung, unser Denken und Fühlen sowie unser Verhalten (unsere Handlungen). Und weil sie erlernt sind, lassen sie sich auch „umlernen".

Wenn Sie eine für Sie unangenehme Situation wahrnehmen, nehmen Sie diese zunächst auch nur wahr – ohne sie zu bewerten. Beschreiben Sie (sich) die Situation. Werden Sie sich dann bewußt, welche Gedanken und welche Gefühle in Ihnen ausgelöst wurden – und welche Bedürfnisse dahinter stehen. Und überprüfen Sie, ob die Situation real ist. Bedenken Sie die (möglichen) Ursachen und die jeweiligen Konsequenzen.

Alle Medaillen haben bekanntlich zwei Seiten. Daher betrachten Sie nie nur die eine, negative, sondern überlegen Sie immer auch, welche anderen, positiven Aspekte Sie einer Situation abgewinnen können. Mit einer altbekannten und altbewährten Sichtweise werden Sie Bekanntes und Bewährtes erkennen, aber kaum Neues.

Variieren Sie daher Ihre Sichtweise und die Perspektive, egal, ob Ihnen dies abwegig erscheint. So ist auch der Hund zu bedauern, der bei kaltem Nieselregen dreimal täglich sein Herrchen ausführen soll. Und bei Unkraut handelt es sich allenfalls um unerwünschtes Kraut, im übrigen aber wohl eher um Pflanzen, deren Nutzwert der Mensch noch nicht erkannt hat. Ein altes chinesisches Sprichwort soll besagen:

> *Wenn ein Mensch träumt, er sei ein Schmetterling,*
> *könne er in Wahrheit auch ein Schmetterling sein,*
> *der träumt, ein Mensch zu sein.*

Denken wir noch einmal an den alten Talmud: „Wer den Ort wechselt, verändert sein Schicksal!". Allein durch einen Ortswechsel ändern Sie Ihre Perspektive, Ihre Sichtweise. Damit verändern Sie auch Ihre Bewertung der Dinge und Ereignisse. Und Sie werden zudem feststellen, auf Dauer neue Einstellungen zu entwickeln.

So hätte ein Perspektivwechsel vielleicht gar Einfluß auf die Erkenntnisse der Astronomie. Suchen die Forscher doch immer noch (nur) nach außerirdischem Leben, wie wir es kennen, das unserer Definition von Leben entspricht – also Leben auf der Basis von Wasserstoff und Sauerstoff (in dem Glauben: ohne Wasser kein Leben). Doch betrachten wir einmal im Vergleich

- die Wahrscheinlichkeit, mit der sich auf den unendlich vielen Planeten des Universums, von denen nur ganz wenige überhaupt annähernd erdähnlich sind, Leben wie auf unserer Erde entwickelt haben könnte, und andererseits

- die Wahrscheinlichkeit, mit der sich eine Form von Leben auf der Basis anderer Atome und Moleküle entwickelt haben könnte, auf welchem Planeten auch immer.

Unbekanntes Leben braucht vielleicht kein Wasser, keinen Sauerstoff. Hoimar von Ditfurth hat schon in seinem 1972 erschienenen Buch „Im Anfang war der Wasserstoff" darüber spekuliert. Außerirdisches Leben könnte so anders als das uns bekannte sein, daß wir es mit unseren Sinnen gar nicht wahrnehmen können ... vielleicht leben sie also doch bereits unter uns? Science-Fiction-Autoren sind da doch eindeutig fantasiereicher.

Denken Sie gelegentlich auch einmal zurück: wie oft haben Sie schon gedacht „So ein Mist, das läuft ja gar nicht gut für mich!"? Und wie oft konnten Sie später rückblickend feststellen, daß es letztendlich dann doch nicht so schlecht für Sie gelaufen ist und Sie das sprichwörtliche „Glück im Unglück" hatten?

Vertrauen Sie lieber auf Ihre eigenen Kenntnisse und Fähigkeiten und lassen Sie sich nicht von anderen beirren, vor allem nicht von jenen, die nicht über Ihre Kenntnisse und Fähigkeiten verfügen (sondern vielleicht gar nur so tun, als ob). Wenn Sie sich Ihrer eigenen Kompetenzen bewußt sind, werden Sie erfolgreicher handeln und zufriedener leben. Und Sie werden sich zudem besser gegenüber Menschen durchsetzen können, die selbst sehr selbstbewußt und von sich überzeugt (oder gar narzisstisch veranlagt) sind. Gerade im Berufsleben werden Sie vermutlich immer wieder auf derartige Menschen treffen, da es im Business ja geradezu üblich ist, die eigenen Kompetenzen herauszustellen, sie hervor zu heben und dabei auch auf Übertreibungen nicht unbedingt zu verzichten.

„Achte auf Deine Stärken,
denn sie werden Dich leiten."

legt uns Wolfgang Hofer in einer weiteren Zeile seines bereits zitierten Liedtextes nahe.

Machen Sie sich also weniger (oder besser noch gar keine) Gedanken darüber, was andere von Ihnen und über Sie denken. Denn Ihr Wohlbefinden hängt nicht von den Gedanken und persönlichen Ansichten anderer ab – sondern eher davon, wie Sie deren Gedanken und Ansichten bewerten.

Wobei andere Menschen ohnehin viel weniger über Sie nachdenken werden, als Sie denken, weil diese viel zu sehr mit sich selbst beschäftigt sind. Machen Sie sich daher und unabhängig von anderen und tolerieren Sie deren abweichende Meinungen.

Wollen Sie das wirklich?
Oder wollen das nur andere von Ihnen?

Tun Sie das, was Sie wollen, und nicht das, was andere (von Ihnen) wollen oder was Sie glauben, daß andere es (von Ihnen) wollen. Überlegen Sie, aus welchem Grund Sie sich bisher von den Gedanken, Ansichten und Meinungen anderer (über Sie) abhängig gemacht haben. Welches Gefühl hat Ihnen das gegeben, waren Sie damit glücklich und zufrieden?

Und was kann andererseits – positiv wie negativ – passieren, wenn Sie darauf keine Rücksicht mehr nehmen, sondern Ihre Vorstellungen verwirklichen, wenn Sie frei und selbstbestimmt leben. Wie wird es Ihnen dann gehen, wie werden Sie sich dann fühlen?

Du hast vielleicht recht,
aber meine Meinung gefällt mir trotzdem besser.

Eine langfristige Änderung der eigenen Einstellung führt zu entsprechend geändertem Verhalten. Sie wirkt wie eine Hypnose. Unter dem Begriff **Hypnose** (aus dem altgriechischen Wort für „Schlaf") versteht man allgemein einen entspannten, schlafähnlichen Zustand, der sich durch eine äußerst eingeschränkte, dafür auf wenige Dinge fixierte Aufmerksamkeit ausweist. Das faszinierende daran ist, daß man in der Trance das Bewußtsein ablenkt und dann das Unterbewußtsein erreichen kann. Und das wiederum steuert den überwiegenden Teil Ihrer Handlungen. Demgegenüber können Sie sich bewußt nur wenig steuern. Folglich sind Sie im Vorteil, wenn Sie Ihr Unterbewußtsein „im Griff" haben und damit Einfluß auf Ihre Gedanken, Worte und Taten nehmen können.

Mit ein wenig Übung gelingt eine Hypnose auch ohne Hypnotiseur. Die Änderung Ihrer eigenen Einstellung wirkt wie eine Selbsthypnose. Denn weder Ihr Gehirn noch Ihr Körper können wirklich unterscheiden, ob eine Situation tatsächlich stattfindet oder ob sie sich nur in Ihrer Vorstellung abspielt:

- Sie werden Appetit auf Schokolade bekommen, egal, ob Sie sie tatsächlich sehen und riechen, oder ob Sie nur an sie denken.
- Tabletten wirken bekanntlich auch ohne Wirkstoff.

Ihr Körper reagiert nämlich nicht nur auf die Schokolade oder die Arznei selbst, sondern bereits auf Ihre Gedanken an diese – reine Suggestion.

Wenn Sie konzentriert eine Geschichte lesen und dabei intensiv nachempfinden, sind dieselben Teile Ihres Gehirns aktiv, wie wenn Sie die Ereignisse tatsächlich erleben. Stellen Sie sich also (intensiv und lange/oft genug) eine für Sie angenehme Situation vor und denken Sie auch an Ihre Gefühle. Sie werden sich auch gut – glücklich – fühlen (erinnern Sie sich noch, wie gut Sie sich nach Ihrem ersten Rendezvous oder Ihrer letzten Joggingrunde gefühlt haben?). Oder stellen Sie sich eine Situation als angenehm vor.

Wenn Sie sich etwas einreden wollen, müssen Sie es natürlich richtig machen. Denken Sie also an das, was Sie tun werden, und nicht an das, was Sie nicht (mehr) tun wollen. Beschreiben Sie sich Ihre Aktion konkret, positiv und im Präsens. Ihr Unterbewußtsein kann die Worte „nicht" und „kein" nämlich nur sehr schlecht verstehen:

- Die Eigenanweisung „Ich rauche *nicht* mehr" wird vielleicht tatsächlich dazu führen, daß Sie nicht mehr rauchen – vermutlich aber auch nicht weniger. Wahrscheinlicher ist es, daß Sie dabei sofort an den nächsten Glimmstengel denken.

- „Ich stehe morgen früh sofort auf, wenn mein Wecker klingelt" wird Sie eher ermuntern, als die Vorgabe „Ich bleibe morgen *nicht* noch etwas im Bett liegen, wenn mein Wecker klingelt".

Ihre Energie wird dorthin fließen, wohin Sie Ihren Fokus lenken. Wenn Sie Ihre Gedanken auf etwas Positives lenken, wird Sie dies bestärken. Suggerieren Sie sich also immer positive Anweisungen und bedenken Sie die Worte von Henry Ford:

> *„Ob du denkst, du kannst es,*
> *oder du kannst es nicht:*
> *Du wirst in jedem Fall recht behalten."*

Wenn Sie nun fortan nur noch positiv denken, werden Sie auch nichts mehr nur versuchen, sondern es ausführen. Wobei „nur versuchen" ohnehin eigentlich gar nicht geht: *versuchen* Sie doch einmal, sich am Ohr zu kratzen … entweder Sie tun es, oder eben nicht.

In jedem Fall aber plant Ihr Unterbewußtsein Ihr mögliches Scheitern ein, wenn Sie sich sagen „ich will es versuchen". Streichen Sie daher das Wort „versuchen" lieber gleich ganz aus Ihrem Wortschatz und probieren Sie lieber. Denn „probieren" klingt viel positiver: man probiert etwas Neues in der gespannten, zumeist freudigen Erwartung, daß es einem gefällt und gelingt.

> *„Tue es oder tue es nicht.*
> *Es gibt kein Versuchen."*

sagte Meister Yoda daher zu Anakin Skywalker während dessen Ausbildung zum Jedi-Ritter. Und Yoda verwies auch auf die Kraft der Gedanken:

> *„Größe ist nicht alles.*
> *Die kleinere Truppe wir sind,*
> *dafür größer im Geist."*

Sagen Sie sich daher immer „ich mache es" und tun Sie Ihr Bestes. Dann werden Sie Ihr Ziel erreichen – im ersten Anlauf vielleicht noch nicht ganz so optimal, aber Sie werden jedes Mal besser werden. Die Übung macht ja bekanntlich den Meister.

Vielleicht entscheiden Sie auch nach dem Sprichwort „Erst die Arbeit, dann das Vergnügen", was Sie zu erst tun. Dann tun Sie ruhig immer zunächst das, was getan werden „muß". Das wird Sie entlasten.

Aber vermeiden Sie es dabei, sich mit dem Satz „Ich *muß* das jetzt tun" motivieren zu wollen. Sagen Sie sich lieber „Ich *werde/will* das jetzt tun, *weil* ... (es mir dann besser geht / ich dann nicht mehr daran denken muß / sich dadurch mein Konto füllt / ...)". Sie werden auch hinter scheinbar lästigen Pflichten einen Grund, ein Bedürfnis, finden können, aufgrund dessen Sie der vermeintlichen „Pflicht" dann doch gern nachkommen.

Wie das Unterbewußtsein unser Handeln steuert, zeigen zum Beispiel auch Untersuchungen, die folgendes bestätigen: Wer auf einer Straße mit seinem Wagen ins Schleudern kommt, fixiert sich zumeist darauf, *nicht* gegen einen Baum am Straßenrand zu fahren. Er (oder sie) fixiert dadurch (unbewußt) jedoch gerade den (vielleicht sogar einzigen) Baum und trifft diesen umso eher. Wer sich jedoch auf den freien Raum zwischen den Bäumen konzentriert, wird seinen Wagen dorthin lenken ...

Programmieren Sie sich also darauf, das Positive zu sehen (ein Glückstagebuch, auf das ich gleich noch komme, hilft dabei). Politiker, und hier muß ich sie doch einmal loben, können das recht großartig: jede Panne und noch so verlorene Wahl verkaufen sie uns wahlberechtigten Bürgern als Erfolg!

Wenn Sie sich immer wieder auf das Positive fixieren, wird Sie das Negative auch gar nicht mehr so unangenehm berühren. Achten Sie darauf, wie voll das Glas noch ist (und nicht darauf, wie leer), sehen Sie die leeren Parkplätze (und nicht die besetzten) ... und behalten Sie den gefundenen Parkplatz in Erinnerung. Verschieben Sie damit Ihren Fokus und bestimmen Sie dadurch selbst, was zu Ihrer Erinnerung wird. Wenn Sie für Ihren nächsten Einkauf wieder einen Parkplatz suchen, werden Ihnen die freien Plätze viel eher auffallen.

Recht gute Beispiele für „negative Programmierungen" bieten alle Winter die diversen *Wettervorhersagen* in Rundfunk und Fernsehen. Die Moderatoren und Meteorologen wählen offenbar gern Formulierungen, die den Winter schlecht machen und ein paar Schneeflocken als Naturkatastrophe darstellen:

- Der Winter gibt sich *noch nicht* geschlagen ... es wird vereinzelt regnen, aber es *kann* auch *noch* Schnee dabei sein ... in den kommenden Tagen wird es *wenigstens* etwas freundlicher, *wenn* auch *nicht wärmer* ..." (aus einer Vorhersage von Ende November!).
- Ein anderer Moderator erklärt, die Fahrt zur Arbeit könne „heute wieder zur Tortur" werden – obwohl nur drei Zentimeter Neuschnee gefallen sind.
- Leichter Schneefall, der vielleicht gerade für eine geschlossene Decke reicht, verleitet Moderatoren auch nicht nur zu der erinnernden Meldung, wegen der zu erwartenden Glätte vorsichtig zu fahren. Nein: es sei mit *erheblichen* oder gar *starken* Behinderungen zu rechnen. Wer traut sich denn da überhaupt noch aus dem Haus?

Nun, bei Schneefall – mit dem im Winter ja durchaus und grundsätzlich zu rechnen ist! – dauern Fahrten eben entsprechend länger. Und mit etwas mehr Zeit und Gelassenheit würde uns der Winter auch weniger stressen ... eine Frage der Einstellung.

Wenn allerdings auch Unfallmeldungen immer wieder so klingen, als seien Schnee, Nebel oder Regen Schuld am Unfall, und nicht der zu schnell gefahrene Fahrzeugführer, der „wegen der Schneeglätte die Kontrolle über sein Fahrzeug verloren" habe ... dann führt das sicher mit dazu, dass kaum noch jemand gern über schneebedeckte Straßen fährt und sich an einer schönen Winterlandschaft erfreuen kann ... eine Frage der Perspektive.

Im Winter sind nun einmal schneebedeckte Fahrbahnen zu erwarten und die Fahrweise – wie im übrigen natürlich auch die Gehweise – den Wetterbedingungen anzupassen. Wir ziehen Winterreifen mit ausreichend Profil auf und sollten gleichfalls gut profilierte Winterschuhe tragen sowie die eigene Geschwindigkeit den Verhältnissen anzupassen. Ein jeder ist hier gefordert, die Verantwortung für sich selbst übernehmen. Alte Fotos beweisen, daß die Menschen vor einigen Jahrzehnten auch ganz gut durch den Winter gekommen sind ... ohne Pflanzen und Tiere, unsere Umwelt, durch Streusalz zu schädigen ... und obwohl die Winter damals regelmäßig noch schneereicher waren. Man hat das Wetter akzeptiert und sich mit den Verhältnissen arrangiert, statt wie heute zu erwarten, daß sich das Wetter unserem Lebensrhythmus unterordnet ... eine Frage der Einstellung.

Diese leider alljährlich zu hörenden Wettervorhersagen in Rundfunk und Fernsehen haben gewiß einen nicht unerheblichen Einfluß auf unsere Gemüter. Denn derart negative Äußerungen zum winterlichen Wetter tragen zweifellos dazu bei, dass die Menschen dem Winterwetter gegenüber negativ gestimmt werden. Kommen Sie da noch auf den Gedanken, sich an den schönen Seiten einer in der Sonne liegenden Schneelandschaft zu erfreuen, an strahlenden Kindern mit ihren Schlitten oder sonstigen Wintersportlern?

Dabei sind – nebenbei bemerkt – derartige Formulierungen völlig unnötig. Denn wir leben zum Glück in einer Region der Erde, in der sich die Jahreszeiten wettertechnisch voneinander unterscheiden, wir aber zugleich vor anhaltenden Extremen verschont werden. Vom Wechsel der Wetterperioden profitiert die Natur wie auch der Mensch und schneereiche „richtige" Winter zeigen uns doch im Grunde, dass die Klimatisierung unseres Planeten noch funktioniert. Auch handelt es sich bei Unwettern um keine *Un*wetter, sondern um vielleicht unerwünschtes Wetter. Kinder wie Wintersportfans allerorten freuen sich über geschlossene Schneedecken und auch in der Mitte Deutschlands gibt es Gebiete, in denen schneeabhängig halbe Jahreseinkommen verdient werden (so zum Beispiel im Sauerland, in der Rhön oder im Harz). Es gibt also keinen Grund, weshalb wir uns von Wettervorhersagern immer wieder weis machen lassen sollten, winterliche Temperaturen und Schnee seien schlecht.

## 9.	Rituale bewahren

Pflegen Sie Ihre Rituale, denn auch sie tragen zu Ihrem Wohlbefinden bei. Rituale geben Ihnen als sich regelmäßig und im wesentlichen gleich wiederholende Abläufe einen steten Ruhepol in Ihrem Leben, eine beruhigende Konstante, die Ihnen Halt und Orientierung verschafft und zu Ihrer dauerhaften Gelassenheit beiträgt.

Falls Sie keine Rituale haben sollten, suchen Sie sich welche. Schauen Sie sie einfach bei (Ihren) Kindern ab. Zwischen dem Guten-Morgen-Kuss zum Aufstehen und der Gute-Nacht-Geschichte oder dem Schlaflied am Abend haben Kinder von klein auf viele Rituale, auf deren Einhaltung sie täglich und quasi ganz instinktiv bestehen.

Manche Menschen haben ja das „Ritual", die Tageszeitung gleich morgens früh zu lesen. Das verhindert allerdings nicht nur oft ein vielleicht anregendes Gespräch mit dem Frühstückspartner, sondern kostet zudem eigentlich auch unnötig viel Zeit.

- Lassen Sie Ihre Tageszeitung doch einmal liegen und blättern Sie diese erst ein oder zwei Tage später durch.
- Verzichten Sie während Ihres Urlaubs ganz auf die Tageszeitung.

Sie werden feststellen, daß dann bereits viele Artikel von der Zeit „überholt" sind oder von Ihrer Bewertung nunmehr als „unwichtig" eingestuft werden, so daß Sie diese Beiträge gar nicht mehr lesen wollen. Alles vermeintlich „wichtige" werden Sie ohnehin durch andere Nachrichten bereits erfahren haben. Und die Artikel, die Ihnen wirklich als lesenswert erscheinen, werden Sie auch nach zwei Tagen noch interessieren.

10. Farbenfroh leben

Leben Sie eigentlich farbenfroh? Tun Sie es! Es ist wissenschaftlich erwiesen, daß Farben Auswirkungen auf unser Wohlbefinden haben. Sie wirken auf unsere Sinne und beeinflussen unsere Gefühle. In der Natur beeinflussen Farben das Leben der Pflanzen und Tiere (z. B. zur Lockung oder Abschreckung). Sie können therapeutisch zur Heilung oder wirtschaftlich zur Werbung eingesetzt werden.

Nutzen auch Sie die Kraft der Farben. Versehen Sie Ihr (Wohn-) Umfeld mit Farben und kleiden Sie sich farbenfroh. Oder erwarten Sie von einer einfältig dunkel/schwarz gekleideten Person gute Laune, großartige Einfälle, kreative Ideen und innovative Inspirationen?

Einen ähnlichen Effekt wie mit Farben können Sie auch mit Ihrer Lieblingsmusik erreichen. Denn unser Gehirn speichert gehörte Musik mit gleichzeitig erlebten Gefühlen und Emotionen zusammen ab. Wenn Sie also in einem glücklichen Moment eine bestimmte Musik gehört haben, wird diese Melodie auch später Ihre Glücksgefühle wieder hervorrufen.

11. Glückstagebuch schreiben

Zu gern erinnern wir uns an die schlechten Momente eines Tages, an die Dinge, die uns geärgert haben und „schief gelaufen" sind. Auch die allabendlichen Nachrichtensendungen fassen leider regelmäßig und überwiegend negative Ereignisse zusammen.

Machen Sie es doch besser: Schreiben Sie täglich (regelmäßig, am bestens abends vor dem Einschlafen) auf, was Ihnen Glück beschert hat, wer oder was Ihnen im Laufe des Tages Freude bereitet und Spaß gemacht hat:

- Was war heute schön?

- Weshalb war es schön?
- Was habe ich dazu beigetragen, daß es schön war?

Es muß kein Roman werden, sondern es genügen wenige Stichworte. Auch ist es unwichtig, ob Sie „große" oder „kleine" Glücksmomente notieren oder wie viele. Und wenn Sie gar nichts aufschreiben wollen, brauchen Sie auch nur darüber nachzudenken (können dann allerdings nicht später nochmal nachlesen).

Mit dieser täglichen Revue Ihrer persönlichen Glücksmomente richten Sie Ihre Aufmerksamkeit auf die positiven Dinge in Ihrem Leben. Außerdem ändert sich Ihre Sichtweise auf jeden neuen Tag, von dem Sie nun Gutes erwarten (statt irgendwelche Katastrophen zu befürchten).

Sie werden bereits nach wenigen Tagen feststellen können, daß sich Ihr Wohlbefinden und Ihre innere Haltung bessern. Sie werden weniger schlecht gelaunt sein und zudem seltener krank werden. Studien belegen diesen positiven Effekt auf die Gesundheit sowohl der Seele wie auch des Herzens. Und Sie wissen ja: „Achte auf Deine Gedanken, ...".

12.   Die „Fünf-Minuten-Regel"

Wenn Sie den Zeitaufwand für eine anstehende Tätigkeit auf weniger als fünf Minuten einschätzen, erledigen Sie die Angelegenheit sofort. Gewöhnen Sie sich an, all das umgehend zu tun, was Sie ohnehin erledigen müssen und innerhalb der nächsten Minuten erledigen können. Schieben Sie solche kleineren Aufgaben nicht auf die bekannte „lange Bank", sondern kümmern Sie sich sofort darum.

- Räumen Sie schmutziges Geschirr zum Beispiel gleich in die Spülmaschine, statt es erst darauf abzustellen.
- Oder legen Sie sich abends schon zurecht, was Sie am nächsten Tag anziehen wollen. Dann müssen Sie früh morgens nicht überlegen und haben statt dessen etwas mehr Zeit und Ruhe zum Frühstücken.

Wenn Sie diejenigen Dinge umgehend erledigen, die Sie in wenigen Augenblicken erledigen können, brauchen Sie nicht weiter daran zu denken, während andererseits die dadurch entstehende „Zeitverzögerung" nicht ins Gewicht fallen wird. Das entlastet Sie und jede Entlastung verbessert Ihr Wohlbefinden und macht Sie glücklich(er).

In diesem Zusammenhang möchte ich Sie auch dazu anregen, die Worte „nachher", „bald" und „gleich" aus Ihrem Wortschatz zu streichen. Denn wenn Sie sich sagen, etwas „nachher" oder „bald" erledigen zu wollen, werden Sie dies vielleicht nie tun, und auch ein „gleich" ist zu unbestimmt. Besser ist es, Sie nehmen sich für die Erledigung eine konkrete Zeit vor.

Selbst wenn Sie dann zu der selbst vereinbarten Zeit keine Zeit haben, ist die Chance gegeben, daß Sie Ihr konkret geplantes Vorhaben dann jedenfalls etwas später umsetzen. Dagegen werden Sie viele Dinge – vermutlich zudem auch schon länger – auf Ihrer Liste stehen haben, die Sie „bald" erledigen wollten.

Da wir schon bei zu streichenden Worten sind: Wenn Sie sich oder anderen sagen, etwas machen zu „müssen", setzen Sie sich selbst oder andere völlig unnötig unter Druck. Sie werden Hektik oder gar Streß empfinden und Konsequenzen erwarten. Erklären Sie lieber, die Dinge machen zu „wollen", und machen Sie sich den jeweiligen Vorteil bewußt.

Die „Fünf-Minuten-Regel" sollten Sie auch immer dann beherzigen, wenn jemand Sie um einen Gefallen bittet. Oder tun Sie einfach so jemandem etwas für ihn Gutes. Denn das sich einstellende Gefühl, jemandem geholfen zu haben, jemandem einen Gefallen getan zu haben, wirkt sich positiv auf Ihr eigenes Wohlbefinden aus und macht Sie glücklich(er). Das ist wissenschaftlich nachgewiesen und auch für Sie leicht selbst nachprüfbar:

- Wenn Sie mit Ihrem Auto unterwegs sind, lassen Sie doch einfach einmal einen anderen Verkehrsteilnehmer vor, auch wenn dieser eigentlich gar keine Vorfahrt hat (Sie werden deshalb vielleicht nicht einmal später ankommen) ...

- Halten Sie jemandem die Tür auf, der hinter Ihnen ein Gebäude betritt ...
- Lassen Sie an der Kasse im Supermarkt jemanden vor, dessen Einkaufswagen leerer ist, als der Ihre ...

und erfahren Sie, welch „wohliges" Gefühl Ihre Freundlichkeit Ihnen beschert. Vielleicht bedankt sich Ihr Mitmensch ja auch mit einem freundlichen Lächeln ... und Sie fühlen sich beide noch besser – und einander verbunden, denn Höflichkeit drückt zugleich auch Wertschätzung aus.

Höflichkeit erleichtert das Leben.
Hilfsbereitschaft auch.

Beides ist *wie ein Bumerang* – es kommt zurück. Weil sich Ihr Verhalten spiegelt – Ihre Mitmenschen werden sich Ihnen gegenüber ebenfalls höflich und hilfsbereit zeigen. Eine Hand wäscht ja bekanntlich die andere.

Allerdings: auch ein Bumerang kommt nur zurück, wenn *Sie* ihn *zuvor* werfen! Warten Sie also nicht darauf, Freundlichkeit nur zu erwi(e)dern, sondern stecken Sie Ihre Mitmenschen mit Ihrer Höflichkeit und Hilfsbereitschaft an.

Es steigert das *beiderseitige* Wohlbefinden, anderen gegenüber freundlich, nett und hilfsbereit zu sein. Albert Schweitzer soll es so formuliert haben:

„Glück ist das Einzige, was sich verdoppelt,
wenn man es teilt. "

So gesehen tun Sie nie nur einem anderen einen Gefallen, wenn Sie jemandem einen Gefallen erweisen, sondern immer auch sich selbst!

Sogar Feinde werden sich Ihren Freundlichkeiten vielleicht nicht dauerhaft entziehen können ... probieren Sie es aus. Wenn jeder jeden Tag einem anderen einen Gefallen tun würde ...

IV.   Das Miteinander

Wenn Sie sich nun selbst soweit „im Griff" haben, Streß bewältigen und Ereignisse zunächst bewerten, bevor Sie darauf reagieren und handeln, können Sie Einfluß auf Ihre Mitmenschen nehmen. Denn Ihre Gefühle wie auch Ihr gesamtes Verhalten, Ihre Worte, Gesten und Ihre Mimik, spiegeln sich in den Menschen, denen Sie begegnen und mit denen Sie leben. Umgeben Sie sich mit freundlichen, glücklichen Menschen, damit auch Sie glücklich sind.

Behandeln Sie andere Menschen immer so, wie auch Sie von ihnen behandelt werden möchten. Sie können das ganz leicht selbst testen: Verhalten Sie sich nett und freundlich oder aber unfreundlich und abweisend zu Ihren Mitmenschen. Diese werden sich Ihnen gegenüber dementsprechend verhalten (wobei natürlich Ausnahmen die Regel bestätigen können). Oder denken Sie an ein Kleinkind, an ein Baby, das von seinen Eltern angelächelt wird. Es lächelt zurück.

Die *Spiegelneuronen* sind für dieses Verhalten verantwortlich. Spiegelneuronen stellen ein noch gar nicht so lang bekanntes System von Nervenzellen im (menschlichen) Gehirn dar. Sie lösen in uns Gefühle und Stimmungen aus, und zwar nicht erst oder nur dann, wenn wir selbst zum Beispiel Freude oder Schmerz erfahren, sondern bereits dann, wenn wir diese Gefühle nur bei anderen wahrnehmen. Wir übernehmen sozusagen das Verhalten und/oder die Emotion eines anderen Menschen, wir empfinden dasselbe und drücken dies durch unser eigenes Verhalten ebenfalls aus. Wir spiegeln das Wahrgenommene.

Spiegelneuronen sind bereits bei Säuglingen vorhanden, aber wohl erst ab dem vierten Lebensjahr voll entwickelt. Die Fähigkeit zum Spiegeln kann zwar verloren gehen, wenn sie unterdrückt oder nicht genutzt wird. Aber Spiegelneuronen können lebenslang (wieder) angeregt werden und sind jederzeit in der Lage, (neue) Erfahrungen zu machen und diese zu speichern. Außerdem funktionieren Spiegelneuronen unbewußt, ohne daß wir darüber nachdenken – daher wird ein Gesprächspartner unser Verhalten immer spiegeln.

Der Aussage des französischen Psychiaters und Psychotherapeuten Christophe André zufolge müssen Sie vierzig Muskeln bemühen, um traurig (oder ernst) zu blicken. Für ein Lächeln benötigen Sie jedoch nur fünfzehn. Weshalb also sollten Sie sich unnötig anstrengen?

„Sourire mobilise 15 muscles,
mais faire la gueule sollicite 40.
Reposez-vous: Souriez!"

Nun kann man über die Anzahl der zum Lächeln benötigten Muskeln sicher diskutieren und die tatsächlich überhaupt vorhandenen Gesichtsmuskeln natürlich nachzählen (es sollen 43 sein). Aber einig sind sich die Wissenschaftler jedenfalls wohl darüber, daß Lachen gesund ist. Herzhaftes Lachen bewegt den ganzen Körper. Lachen aktiviert die Gesichts-, Atem- und Kehlkopfmuskeln, es verringert Streß, stärkt das Immunsystem und schüttet Glückshormone aus. Kurzum: es gibt vielleicht nichts gesünderes, als sich krank zu lachen.

Lachen führt zu einer Wechselwirkung: Sie lächeln, wenn Sie glücklich sind und Sie werden glücklich, wenn Sie lächeln ... und wenn Sie (daraufhin) angelächelt werden. Probieren Sie es aus, fangen Sie schon morgens damit an, wenn Sie sich im Spiegel begrüßen! Lachen ist wirklich ansteckend.

Nur die Gemeinschaft, das Miteinander, wird Sie dauerhaft glücklich machen. Wenn Sie sich jedoch zurück ziehen, nicht mehr mit anderen Menschen reden, wird Ihre (seelische) Gesundheit leiden. Sie werden unglücklich. Denn eine gute Kommunikation beeinflußt recht wesentlich unser Wohlbefinden. Mit einer schlechten Kommunikation machen wir demgegenüber uns selbst und unseren Mitmenschen das Leben schwer(er) – und das ganz unnötig.

Außerdem kann ein klärendes Gespräch Ärger und Streß vermeiden oder beseitigen und somit positiv auf Ihr Wohlbefinden wirken. Jedenfalls dann, wenn das Gespräch „gut" geführt wird.

Probieren Sie es aus! Sprechen Sie ruhig oder gerade auch fremde Menschen an. Sie werden feststellen, wie sich selbst kurze Unterhaltungen – zum Beispiel im Fahrstuhl, auf der Rolltreppe, in der Schlange an der Kasse oder im Stadtbus – positiv auf Ihr Befinden auswirken (sollte das bei Ihnen nicht der Fall sein, rufen Sie mich an und wir werden gemeinsam überlegen, woran es gelegen haben könnte).

Kommunikation

umfaßt als Begriff zunächst ganz allgemein die Verständigung zwischen Menschen und den Austausch von Informationen (Mitteilungen, Nachrichten). Kommunikation erfolgt täglich und scheinbar selbstverständlich – und *immer!* Denn Sie können nicht nicht kommunizieren. Ganz egal, was Sie tun oder nicht tun, Sie werden dabei kommunizieren, etwas ausdrücken. Selbst wenn Sie kein Wort sagen (sondern z. B. nur den Blinker Ihres Wagens betätigen), kommunizieren Sie – durch Ihre Mimik und Ihre Gestik, durch Ihr Verhalten, mit Ihrer gesamten Körpersprache.

Kommunikation wird zum Problem und Streßfaktor, wenn es zu Mißverständnissen kommt, wenn Menschen sich falsch verstehen. Und weil die Kommunikation sehr komplex ist, gibt es vielfältige Ursachen für Kommunikationsprobleme – die natürlich durch Kommunikation vermieden werden können.

Die Kommunikation dient grundsätzlich dem Austausch, der *Weitergabe von Informationen*. Mit Kommunikation erweitern Sie die Schnittmenge des beiderseits Bekannten. Wenn Sie jemanden kennen lernen, wissen Sie natürlich einiges über sich, zunächst jedoch nichts über den anderen. Durch die Kommunikation erfahren Sie dann einiges über den anderen.

Und Sie erfahren durch die Kommunikation mit anderen auch einiges über sich selbst: Denn andere Menschen nehmen Sie anders wahr, als Sie selbst, sie nehmen Dinge an Ihnen wahr, die Ihnen selbst entgehen. Und sie teilen Ihnen ihre Wahrnehmungen mit.

- Wenn Sie zum Beispiel einen Pullover kaufen und anprobieren, merken Sie nur, ob Ihnen der Pullover paßt. Um heraus zu finden, ob er Ihnen auch steht, müssen Sie in einen Spiegel schauen – oder die Verkäuferin nach ihrer Meinung fragen.

Wenn Sie jemanden kennen (lernen), kann sich zwischen Ihnen eine Beziehung nur in dem Maß entwickeln, in dem Sie sich kennen lernen. Dazu müssen Sie miteinander kommunizieren. Mit einer offenen Kommunikation werden Sie zunehmend mehr voneinander und übereinander erfahren. Die Schnittmenge Ihrer jeweiligen und beiderseitigen Kenntnisse von sich selbst und dem/der anderen vergrößert sich. Sie bauen Vertrauen auf und den Streß ab, der im zwischenmenschlichen Bereich entsteht, wenn man nicht „miteinander klar kommt".

International gesehen wird man vielleicht sogar sagen können, daß eine gute und offene Kommunikation zwischen den Ländern die Existenzberechtigung der Geheimdienste in Frage stellen dürfte (müßte). Doch zurück zur Realität ...

Eine „gute" Kommunikation wird zunächst einmal natürlich sachlich geführt. Der Gesprächspartner wird weder persönlich angegriffen noch kritisiert oder gar beleidigt. Eine in diesem Sinne gute Kommunikation trägt wesentlich zu unser aller Wohlbefinden bei.

Die Sachlichkeit einer Unterhaltung leidet andererseits zuweilen daran, daß persönliche Befindlichkeiten im Vordergrund stehen. Die Teilnehmer des Gesprächs sind dann oft mehr darum bemüht, ihr Gesicht zu wahren und/oder recht zu behalten, statt sachliche Argumente auszutauschen.

Zu viel Gespräche kranken auch bereits daran, daß die Menschen nicht *mit*einander reden, sondern eher *gegen*einander. Politiker und Angehörige von Heilberufen zum Beispiel bieten uns regelmäßig gute Beispiele für schlechte Kommunikation. Denn sie übergehen immer wieder die Argumente der anderen und erzielen dann erwartungsgemäß natürlich auch keine Lösungen zum allseitigen Vorteil:

- So werden Vorschläge der Regierung umgehend von der Opposition kritisiert und abgelehnt, weil es ja nicht die eigenen sind. Und gegen Vorschläge der Opposition ist wiederum die Regierung, weil sie ja nicht Vorschläge der politischen Gegner gutheißen kann – egal, wie gut die jeweiligen Vorschläge auch sein mögen.

- Schulmediziner und Vertreter alternativer Heilmethoden können ebenso großartig gegeneinander und ihre jeweiligen Kenntnisse und Fähigkeiten schlecht reden, statt sich zu ergänzen und gemeinsam ihr Wissen zum Wohle der Patienten zu nutzen. Je kontroverser sie diskutieren, um so mehr hat man den Eindruck, daß sie vergessen haben, um was es wirklich geht: um die Gesundheit ihrer Patienten. Und wer heilt, hat doch bekanntlich Recht! Wobei ohnehin unstreitig sein sollte, daß jede Erkrankung ihre eigene, zur ihrer Heilung geeignete Therapie erfordert. Oder?

Die „Entweder-Oder-Diskussionen" führen naturgemäß zu keiner sinnvollen Lösung der gegebenen Probleme. „Konstruktive Kritik" sollte hier eine Voraussetzung für die Erteilung des Rederechts sein: wer einen Vorschlag ablehnen oder kritisieren will, muß selbst zunächst einen Gegenvorschlag unterbreiten und erläutern, weshalb dieser besser sei. Denken wir noch einmal an Henry Ford:

„Das Geheimnis des Erfolges ist,
den Standpunkt des anderen zu verstehen."

Ungünstig ist es daher auch, wenn man eine Diskussion mit Forderungen beginnt, die das gegenseitige Interesse kaum bis gar nicht berücksichtigen. Koalitionsverhandlungen sowie die alljährlich wiederkehrenden Lohnverhandlungen zwischen Arbeitgeberverbänden und Gewerkschaften sehe ich hier als gute Beispiele.

So bieten die Arbeitgeber immer wieder geringste Lohnerhöhungen an, während die Gewerkschaften überhöhte Forderungen stellen. Das „nein" ist dann beiderseits vorprogrammiert. Streiks sollen dann den Druck auf die Arbeitgeber erhöhen – tatsächlich führt Druck jedoch immer zu Gegendruck, zur Verteidigung, kaum aber zu einem Einlenken. Und frühzeitige Warnstreiks, die sicherlich nicht das „letzte" Mittel eines Arbeitskampfes darstellen, vermiesen das Gesprächsklima zusätzlich.

So können Sie sicher auch verstehen, wenn Urlauber zum Beispiel um gewisse Fluggesellschaften „herumbuchen". Weshalb sollten sie sich ihren Urlaub durch Flugausfälle beeinträchtigen lassen, nur, weil die Unternehmensleitungen und die Gewerkschaften nicht in der Lage sind, sich über die angemessene Vergütung der Piloten zu einigen?

Wobei – nebenbei bemerkt – Lohnverhandlungen wohl auch ein ganz gutes Beispiel für den Wechsel der Perspektive sind:

- Begründen doch die Arbeitnehmerverbände die geforderten Lohnerhöhungen regelmäßig mit den gestiegenen Preisen für Waren und Dienstleistungen, mit der Inflation.
- Umgekehrt betrachtet führen natürlich höhere Löhne zu höheren Kosten für die Arbeitgeber. Diese sind folglich gehalten, zur weiteren Deckung dieser Kosten die Preise für ihre Waren und Dienstleistungen zu erhöhen, die wiederum die Arbeitnehmer als Verbraucher bezahlen müssen.

Bedingen nun also die gestiegenen Preise die geforderten Lohnerhöhungen oder verursachen höhere Löhne die steigenden Preise? ... Der Kreislauf der Inflation.

Den Bedürfnissen sowohl der Arbeitgeber wie auch der Arbeitnehmer dürfte es jedenfalls entsprechen, wenn alle Seiten am Erfolg des Unternehmens, ihrer Arbeitsleistungen, beteiligt werden.

Manche Menschen betreiben „Tratschen" ja nahezu als Hobby und haben gar Spaß daran. Georg Wilsberg (gespielt von Leonard Lansink) sagte dagegen in einer Folge der gleichnamigen Fernsehserie:

„Über Leute, die ich nicht kenne, rede ich nicht!". Ich finde, da handelt er recht klug und vernünftig. Denn:

Es ist immer besser,
mit*einander zu reden,*
statt über*einander.*

So läßt sich eine „erste Grundregel" für jede Konversation vielleicht kaum treffender formulieren, als dies Irmela Bender mit ihrem Vers gelungen ist:

„Ich bin ich und du bist du.
Wenn ich rede, hörst du zu.
Wenn du sprichst, dann bin ich still,
weil ich dich verstehen will."

Um dies zu verinnerlichen, sollten Sie immer erst das wiederholen, was Ihnen ein Gesprächspartner gerade gesagt hat, *bevor* Sie ihm antworten. Wenigstens stumm in Gedanken. Besser noch, indem Sie die Worte Ihres Gesprächspartners kurz mit Ihren eigenen Worten zusammen fassen. Damit geben Sie ihm (oder ihr) bereits das Gefühl, gehört worden zu sein. Außerdem kann er Sie gleich korrigieren, falls Sie etwas falsch verstanden haben sollten – und Sie beide laufen damit nicht Gefahr, anschließend über ein Mißverständnis zu reden (oder gar zu streiten).

Ebenso und grundsätzlich sollten Sie sich immer bemühen, *authentisch* gegenüber sich selbst und Ihren Mitmenschen zu sein. Lassen Sie sich dabei auch nicht von anderen beirren – kürzlich traf ich einen Jungen, auf dessen T-Shirt zu lesen stand:

Don`t try to chance me,
I`m special.

Sie sind einzigartig! Sie sind einzig, müssen aber nicht unbedingt auch artig sein. Denn Sie haben keinen Grund, grundsätzlich das zu tun, was andere tun, nur weil diese es tun. Wollen Sie dem Trend nur hinterher laufen, oder lieber welche setzen?

- Trends lassen sich übrigen ganz gut bei der Mode beobachten. Sie wiederholen sich immer mal wieder.
- Oder betrachten wir die Entwicklung im Automobilbau: Dank des Bemühens der Firmen um die Markenidentität sind die verschiedenen Modelle eines Herstellers oft nur noch an ihrer Größe zu unterscheiden. Andererseits ging der Trend zum SUV, was wohl die Neigung der Käufer nach Individualität belegen dürfte. Und nun hat jeder Hersteller sein SUV ...

Verstellen Sie sich also nicht und verkleiden Sie sich nicht. Es gibt ohnehin wohl nur eine „vernünftige" Bekleidung (für Sie): die, mit der Sie sich wohl fühlen. Im übrigen dürfte Bekleidung eine Frage des Stils und persönlichen Geschmacks sein. Wobei sie natürlich zur Person wie auch zum jeweiligen Anlaß passen sollte, zu dem sie getragen wird (was freilich wiederum einer subjektiven Bewertung unterliegt ... also Geschmackssache ist).

Wirken Sie also lieber mit Ihrer eigenen persönlichen und natürlichen Ausstrahlung und Einstellung. Das wirkt am besten. Denn:

Wer etwas von sich gibt,
gibt immer auch etwas von sich.

Egal, wie sich jemand äußert – ob mit Worten, durch Gestik, Mimik oder sein Verhalten: er gibt immer auch etwas von sich preis (über den „Selbstoffenbarungskanal", auf den ich gleich noch zu schreiben komme). So offenbart jeder etwas von sich, von seiner Persönlichkeit, seinem Charakter, von seinen Gedanken über sich und/oder andere, von seinen Empfindungen und seinem Befinden. Jeder offenbart so, ob er ein „anständiger" Mensch ist, der nicht wegschaut, wenn er sich morgens im Spiegel sieht.

Ein Beispiel? Bitte: Ich las in der Tageszeitung von einem Taxifahrer, der drei Cent Trinkgeld abgelehnt hätte. Sein alkoholisierter Fahrgast habe das ihm zurück gereichte Geld sodann in den Fußraum geworfen, der Taxifahrer die Münzen daraufhin aus dem

Fenster. Weil der Fahrgast nun nicht mehr aussteigen wollte, habe die Polizei zum Einsatz kommen und den Streit schlichten müssen.

- Was gab der Fahrgast von sich, was sagt das Trinkgeld und seine Höhe über den Geber aus? War er zu alkoholisiert, hatte er sein sonstiges „Geld versoffen", wollte er eine Unzufriedenheit gegenüber dem Taxifahrer und/oder der Fahrt zum Ausdruck bringen?
- Was sagt andererseits der Taxifahrer über sich aus, indem er das Trinkgeld ablehnt?

Musste sich der Taxifahrer beleidigt fühlen und die drei Cent ablehnen? … Er hätte das Geld auch nehmen und sich „sein Teil denken" können, der Fahrgast wäre ausgestiegen, es wäre zu keinem Streit gekommen – und: der Taxifahrer hätte seine Fahrt stattdessen mit dem nächsten Fahrgast fortsetzen können.

- Wenn Sie also in Zukunft jemand „anfährt", verstehen Sie das nicht unbedingt und gleich als persönlichen Angriff, als Beleidigung oder dergleichen. Hören Sie hinter die Äußerung und erkennen Sie deren eigentlichen Grund, das dahinter liegende Bedürfnis.
- Wenn Sie jemand in der Schlange vor der Supermarktkasse „überholt", bleiben Sie gelassen und lassen Sie ihm seine Eile. Ärgern Sie sich nicht über die Drängelei, sondern überlegen Sie, was der Drängler mit seinem Verhalten über sich selbst aussagt, ob er sich dessen wohl bewußt ist und ob er durch sein Verhalten überhaupt einen Vorteil erlangt.

Und bedenken Sie umgekehrt auch immer, was Sie natürlich anderen gegenüber durch Ihr Verhalten und Ihre Äußerungen von sich selbst (preis) geben.

Denken Sie nur, was jeder wissen darf.
Sagen Sie nur, was jeder hören darf.
Und tun Sie nur, was jeder sehen darf.

In diesem Zusammenhang zeigt sich im übrigen auch die Stärke des *Selbstbewußtseins*. Selbstbewußte Menschen sind bereits an ihrer

Körpersprache zu erkennen. Und sie richten sich regelmäßig weniger nach den Ansichten und Meinungen anderer, sondern vertreten ihre eigenen Vorstellungen. Wobei zu beachten ist, daß die Grundlage für ein starkes oder eben nur schwaches Selbstbewußtsein bereits bei kleinen Kindern angelegt wird:

- Wer von klein auf immer wieder erfährt, was er kann, wird ein gutes Selbstbewußtsein entwickeln und in die Lage versetzt, klar und selbstsicher anderen gegenüber aufzutreten sowie gelegentlich „über den Dingen zu stehen".

- Wem dagegen immer wieder vorgehalten wird, was er nicht kann, wird auch in späteren Jahren unsicher sein, sich unnötig angegriffen fühlen und sich dann rechtfertigen oder verteidigen, oder wird sich anderen gegenüber verschließen und seine Kenntnisse und Fähigkeiten nicht offenbaren, aus Angst, sich zu blamieren.

Pädagogen können sich diesen Zusammenhang vermutlich nicht oft genug vergegenwärtigen. Denn zwischen fordern und überfordern ist der Übergang recht knapp und fließend. Eine angemessene Forderung beschert den Schülern ein Erfolgserlebnis, während sie eine Überforderung enttäuschen und demotivieren wird. So entscheiden wohl bereits die allerersten Schultage eines Kindes ganz grundlegend und wesentlich über den Verlauf seiner gesamten schulischen Karriere … ein weiterer guter Grund, Grundschullehrern mehr Wertschätzung entgegen zu bringen!

Seien Sie also natürlich und ehrlich (das geht auch gewaltfrei und ohne zu verletzen, worauf ich noch kommen werde). Denn ehrlich währt bekanntlich am längsten. Lügen dagegen haben „kurze Beine" und beschädigen vor allem dauerhaft Ihren guten Ruf. Das würde Sie nur unnötig belasten und folglich unglücklich(er) machen. Um es nochmal mit Wolfgang Hofers Worten auszudrücken:

„Achte auf Deine Wahrheit, denn mit ihr mußt Du leben.
Als Weiser oder Zweifler oder Narr."

Bevor Sie jemandem etwas erzählen, können Sie sich frei nach „Sokrates und die *drei Siebe des Weisen*" folgendes fragen:

1. Ist es *wahr*, was ich erzählen will? (Habe ich es geprüft oder hörte ich es nur jemanden erzählen?)
2. Ist es *gut*, was ich sagen will?
3. Ist es für den anderen *notwendig*, daß ich es ihm erzähle?

Wenn Sie diese drei Fragen mit „ja" beantworten, können Sie den anderen mit Ihrer Erzählung erfreuen. Andernfalls könnten Sie ihn (oder sie) damit vielleicht eher belasten.

Kennen Sie Die Ärzte und deren Lied „Lasse red'n"? Auch wenn Ihnen die Musik nicht zusagen sollte, lesen Sie sich ruhig einmal den bedenkenswerten Text durch.

Die Gefahr einer Belästigung – oder gar Beleidigung – ist im übrigen umso größer, je leichter einem die Kommunikation fällt. Gerade bei der *digitalen Kommunikation* sollte man daher an die „drei Siebe des Weisen" denken. Denn in der Anonymität des Internets sind digitale Nachrichten mit Smartphone und PC schneller – und damit oft auch unüberlegter und/oder inhaltsleerer – geschrieben, als ein Brief mit dem guten alten Füller. Außerdem fehlt das „Feedback": man erlebt nicht, ob der Empfänger die Äußerung richtig versteht, wie er sie aufnimmt und welches Gefühl bei ihm ausgelöst wird.

Wäre das Internet weniger anonym, gäbe es die damit zusammenhängenden Probleme vielleicht nicht (jedenfalls wohl nicht in dem gegebenen Umfang). Immerhin leben wir in einem Land, in dem jeder seine Meinung frei äußern darf. Damit kann und sollte dann allerdings auch jeder zu seiner Meinung stehen … Wenn Sie einen Leserbrief veröffentlichen wollen, wird die Tageszeitung Rücksprache mit Ihnen halten, ob der eingesandte Leserbrief auch tatsächlich von Ihnen stammt, und dann ihren Namen darunter abdrucken. Was also spricht dagegen, Meinungsäußerungen im Internet ebenso mit dem wahren Namen zu versehen?

Sagen Sie, was Sie denken und tun Sie, was Sie sagen:

- Sagen Sie, was *Sie* denken und fühlen. Solange Sie Ihre Gedanken, Meinungen und Gefühle *als die Ihren* ausdrücken, kann sich kaum jemand verletzt fühlen. Und durch den Ausdruck Ihrer Gefühle schaffen Sie eine persönliche, vertrauensvolle Beziehung, die jede Kommunikation erleichtert. Wählen Sie ich-bezogene Formulierungen wie zum Beispiel „Ich denke, ...“, „Ich finde/meine, ...“, „Mir ist aufgefallen, daß ..., und deshalb bin ich/fühle ich mich ...“ oder „Ich habe das Gefühl/den Eindruck, ...“.
- Tun Sie, was Sie sagen. Dann kann sich niemand „hinters Licht geführt“ fühlen.

Beides schafft Klarheit, beugt Mißverständnissen vor und verhindert Mißtrauen.

Denken wir auch hier ruhig einmal mehr an unsere Politikerinnen und Politiker, wie sie ihre parteipolitischen Ideologien predigen, oder an Künstler, die sich gegenseitig hochloben. Politiker nahezu aller Parteien geben auch regelmäßig und immer wieder (Wahl-) Versprechen, die bereits am Morgen nach der Wahl Geschichte sind. Haben Sie den Eindruck, daß diese Menschen wirklich immer sagen, was sie persönlich denken? (Geschweige denn, daß sie auch tun, was sie sagen.)

Wenn Sie sagen, was Sie denken, ist es natürlich wichtig, was Sie denken. Wenn Sie positiv denken, werden Sie auch positiv(er) formulieren – woraufhin Ihr Gesprächspartner dann wiederum eher positiv reagieren wird.

> *„Achte auf Deine Gedanken,*
> *denn sie werden Worte.“*

Um positiv zu denken, sollten Sie sich immer wieder und jederzeit in Erinnerung rufen, *daß jeder Mensch (wie wohl auch jedes andere*

Lebewesen) grundsätzlich bestrebt ist, jederzeit das zu tun, was ihm aus seiner Sicht seine Situation verbessert, sein Wohlbefinden steigert. Unterstellen Sie daher zunächst niemandem eine böse Absicht in seinem Handeln und nehmen Sie nicht gleich jeden „Angriff" persönlich. Denn grundsätzlich führt der jedem Lebewesen angeborene Instinkt zum Überleben im Hintergrund die Regie.

Theologen der verschiedenen Religionen haben da zwar zuweilen andere Ansichten. Doch die Naturwissenschaftler sind wohl durchaus überwiegend einer Meinung: Leben strebt nach Überleben ... womit wir wieder bei der „Kette" sind: Wohlbefinden > Gesundheit > Leben > Überleben.

So handeln eben *alle* Lebewesen mit der Absicht, sich wohl zu fühlen, selbst dann, wenn sie töten. Denn auch das dient ja dem eigenen Überleben: dem Fressen oder dem nicht gefressen werden. Der Mensch dagegen hält sich für das intelligenteste und am weitesten entwickelte Lebewesen und ist doch das einzige, das andere tötet, *ohne* daß es um sein (Über-) Leben geht ... Ich möchte Sie hier nochmals auf den Förster Peter Wohlleben und seine wissenschaftlich fundierten und trotzdem nicht wissenschaftlich formulierten – daher gut lesbaren – Veröffentlichungen verweisen: Wenn Sie seine spannenden Ausführungen über das Leben der Tiere sowie das der Pflanzen und Bäume gelesen haben, werden Sie kaum mehr abstreiten wollen, daß wohl alle Lebewesen unseres Planeten immer in dem Bestreben handeln, sich wohl zu fühlen, zu leben und zu überleben. Und wenn Sie selbst Haustiere halten, deren unterschiedliche Charaktere und Verhaltensweisen beobachten können, werden Sie seine faszinierenden Schilderungen sicherlich um das eine oder andere eigene Erlebnis ergänzen können.

Denken Sie also positiv. Denn ein Wort ist wie ein Pfeil. Ein gesagtes Wort ist gesagt. Sie können es weder zurück holen noch ungehört machen:

Mit Worten können Sie Mauern bauen,
jedoch auch einreißen.
Worte können trösten oder auch verletzten.

Die französische Schriftstellerin, Philosophin und Feministin Simone de Beauvoir drückte es so aus:

„Der Mensch ist ein sprachbegabtes Tier
und wird sich immer durch das Wort verführen lassen."

Wenn Sie andererseits negativ denken und reden, müssen Sie natürlich auch mit einer negativen Reaktion rechnen. Daher sollten Sie zum Beispiel niemandem vorwerfen, er liege falsch, nur weil er anderer Meinung ist. Meinungen und Bewertungen sind immer subjektiv und können daher von niemandem als objektiv „richtig" oder „falsch", als „gut" oder „schlecht" erklärt werden!

Sagen Sie statt dessen lieber, welche Ansicht *Sie* haben und erläutern Sie gegebenenfalls zum weiteren Verständnis, weshalb: „Also ich finde/denke, …, weil …".

So gibt es für Sie zum Beispiel auch nur einen „guten" Wein: das ist der Wein, der *Ihnen* schmeckt. Musik mag Ihnen und oder anderen gefallen, doch wer vermag zu beurteilen, ob sie „gut" ist? Ihr Pullover kann anderen gefallen oder zu der Ansicht verleiten, er stehe Ihnen gut oder schlecht. Ob er jedoch „schön" ist oder nicht, vermag niemand zu sagen. Denn es handelt sich bei dererlei Aussagen um subjektive Bewertungen, nicht jedoch um objektive Wahrnehmungen, die jeder andere Mensch genau so wahrnimmt. Und im übrigen ist es zuweilen auch eine Frage der Perspektive:

Der Lehrer hält ein Buch hoch und sagt: „Dieses Buch ist rot."
Die Schüler widersprechen: „Nein, das Buch ist schwarz!"
Doch der Lehrer beharrt auf seiner Meinung: „Das Buch ist rot."
Die Klasse meint weiterhin, das Buch sei schwarz.
Da dreht der Lehrer das Buch um und zeigt den Schülern
die rote Rückseite.

Vermeiden Sie also Verallgemeinerungen („man …") sowie Sätze, die mit „Du …" oder „Sie …" beginnen. Diese werden in der Regel einen Vorwurf enthalten. Bevorzugen Sie „Ich-Aussagen" („ich denke/meine/finde/fühle/sehe ...") und bedenken Sie schließlich auch immer, daß es keinen Grund gibt, weshalb Sie sich für Ihre Gedanken und Gefühle rechtfertigen müßten.

1. *Die Signale der Kommunikation*

Wir hatten bereits vermerkt, daß sich das Befinden eines Menschen spiegelt: in seiner Mimik und in seinen Gesten, in seinem Verhalten, in seinen Worten und Taten – in seiner gesamten *Körpersprache* und damit auch in der Kommunikation. Wir „sprechen" immer mit dem ganzen Körper. Und unsere innere Haltung und Einstellung wirkt dabei nach außen:

- durch die Art und Weise, wie wir sitzen, stehen oder gehen,
- durch unsere Gestik,
- mit unserer Mimik und natürlich
- durch die Worte und Laute, die wir von uns geben.

Dabei kommunizieren wir immer auf mehreren Ebenen gleichzeitig. Wobei dem gesprochenen Wort oft nur die kleinere Rolle zufällt. Denn schon der „erste Eindruck" entsteht nur durch optische Wahrnehmungen.

Dennoch hat die gesprochene Sprache, ihre Laute und Worte, eine wesentliche Wirkung. Das zeigt sich zum Beispiel daran, daß sich bei zweisprachigen Menschen auch Haltung, Gestik und Mimik ändern sollen, wenn sie die Sprache wechseln. Und Untersuchungen lang überlieferter Wörter deuten auf eine Verbindung zwischen dem Klang eines Wortes und seiner Bedeutung hin: Worte mit einem (langen) „i" beschreiben regelmäßig positive Dinge und stimmen uns positiv, während Worte mit einem „o" eher negative Bedeutungen haben. Offenbar ist die Gesichtsmuskulatur dafür ursächlich. Denn ein „i" wird durch denselben Muskel artikuliert, der auch ein Lachen bewirkt, während ein „o" den Muskel fordert, der die Lippen zusammen zieht und jedes Lächeln verhindert.

Bedenken Sie immer, daß jede Reaktion Ihres Körpers einem – vorangegangenen – Gedanken folgt. Denn Ihr Körper reagiert auf Ihre Gedanken. Mit Ihrer Körpersprache drücken Sie folglich immer aus, was Sie denken ... und Sie können umgekehrt an der Körpersprache anderer Menschen erkennen, was diese denken.

Die **Körperhaltung** eines Menschen spiegelt grundsätzlich sein Innenleben, seine Persönlichkeit und sein Selbstbewußtsein. Sie weist bereits darauf hin, wie er oder sie sich fühlt.

Wer gerade sitzt, aufrecht steht und einen sicheren Gang aufweist, zeigt, daß er selbstbewußt ist und sozusagen „mit beiden Beinen im Leben steht". Wenn sich dagegen jemand „klein macht", seine Schultern hängen läßt, wird es ihm an Selbstvertrauen fehlen, er wirkt kraftlos und unmotiviert, vielleicht traurig.

Die **Gestik** des Menschen umfaßt alle Bewegungen der Hände und Arme, der Beine und des Kopfes, die unserer zwischenmenschlichen Kommunikation dienen. Mit unserer Gestik unterstützen und ergänzen wir die verbale Kommunikation, oder ersetzen sie sogar.

- So können Sie z. B. mit einer kurzen Handbewegung zuweilen mehr „sagen", als mit vielen Worten: ballen Sie Ihre Hand zur Faust oder halten Sie nur den Daumen hoch ... Und Ihr Händedruck läßt Rückschlüsse auf Ihr Selbstbewußtsein zu.

Im Gegensatz zur Mimik ist bei der Deutung der Gestik allerdings zu beachten, daß diese bei verschiedenen Menschen verschiedene Bedeutungen haben kann. Die Gestik wird nämlich durch die Persönlichkeit, die persönliche Entwicklung, geprägt. So haben zahlreiche Gesten in verschiedenen Ländern ganz unterschiedliche Bedeutungen. Die Gestik eines Menschen ist somit immer individuell geprägt und zudem von der jeweiligen Situation abhängig.

Die **Mimik** ist vielleicht die „spannendste Seite" der Körpersprache. Denn in der Mimik können Sie zwar keine Gedanken, dafür jedoch die Gefühle eines Menschen lesen. Und diese wiederum lassen Rückschlüsse auf seine Bedürfnisse zu – und insoweit dann doch auch auf seine Gedanken.

Die Mimik eines Menschen umfaßt alle sichtbaren Bewegungen der Gesichtsoberfläche. Sie kann ohne weitere – verbale oder nonverbale – Signale die gesamte Bandbreite unserer Emotionen ausdrücken. Und diese mimischen Bewegungen lassen untrügliche Rückschlüsse auf die Gefühle eines Menschen zu, weil Mimik – im Gegensatz zur Gestik – kulturübergreifend ist. Es gibt sogenannte Grundemotionen, die bei *allen* Menschen zur gleichen Mimik führen:

- Freude und Trauer,
- Überraschung und Angst,
- Ärger,
- Verachtung und
- Ekel

drücken alle Menschen mit der gleichen Mimik aus – weltweit und ganz unabhängig von ihrer Herkunft, ihrer Kultur, ihrer religiösen oder politischen Anschauungen, ihrer Hautfarbe, ihrem Geschlecht oder Alter.

Und wer eine dieser vorgenannten Grundemotionen verspürt, kann eine Reaktion auch keinesfalls unterdrücken. Selbst wenn er seine Emotion „zügelt" und diese „überspielen" (verheimlichen) will, wird seine Mimik mindestens für den Bruchteil einer Sekunde sein tatsächliches Gefühl verraten. Denn die Mimik wird von zwei Bereichen des Gehirns gesteuert: zum einen bewußt von der sogenannten motorischen Rinde, zum anderen aber auch unbewußt über unser limbisches System, das für die Verarbeitung unserer Emotionen zuständig ist.

Dieses limbische System ist ein sehr alter Teil unseres Gehirns. Um unser Überleben in der freien Natur zu sichern, kann es Außenreize etwa 500 Millisekunden schneller verarbeiten und reagieren, als das Großhirn. Weil nun aber das limbische System direkt mit der mimischen Muskulatur verbunden ist, ist die Reaktionszeit zwischen einer Emotion und ihrem mimischen Ausdruck um eben diese 500 Millisekunden schneller, als bei bewußt gesteuerter Mimik. Und diese nicht bewußt steuerbaren mimischen Äußerungen, die sogenannten Mikroexpressionen, nehmen wir an anderen Menschen wahr.

Doch die Mimik verrät nicht nur unsere Emotionen. Wir drücken mit unserer Mimik auch unsere mentalen Zustände aus, wenn wir uns zum Beispiel konzentrieren oder irritiert sind. Wir können mimisch das unterstützen und betonen, was wir verbal sagen. Und wir können mit unserer Mimik auf unseren Gesprächspartner eingehen, ihm zum Beispiel aufmunternd zulächeln, damit dieser weiter erzählt.

Die menschliche Kommunikation spielt sich somit als komplexes Verhalten auf *mehreren Ebenen* gleichzeitig ab:
- *verbal* mit den gesprochenen Wörtern
- sowie *nonverbal* durch die Körperhaltung, die Gestik und die Mimik.

Wenn Sie sich mit zwischenmenschlicher Kommunikation beschäftigen, werden Sie früher oder später auf die Namen Paul Watzlawick und Friedemann Schulz von Thun stoßen. Beide haben Kommunikationsmodelle entwickelt, die diese Kommunikationsebenen berücksichtigen.

Paul Watzlawick stellte fünf Grundregeln (Axiome) zur Erklärung der menschlichen Kommunikation auf:

1. Man kann nicht nicht kommunizieren, denn jede Kommunikation (nicht nur mit Worten) ist Verhalten, und genauso, wie man sich nicht nicht verhalten kann, kann man nicht nicht kommunizieren.
2. Jede Kommunikation hat einen Inhalts- und einen Beziehungsaspekt, wobei letzterer den ersten bestimmt.
3. Die Natur einer Beziehung ist durch die Interpunktion der Kommunikationsabläufe seitens der Partner bedingt. Damit ist gemeint, daß sich bei einer Kommunikation immer Ursache und Wirkung gegenseitig bedingen.
4. Menschliche Kommunikation bedient sich analoger und digitaler Modalitäten.

5. Zwischenmenschliche Kommunikationsabläufe sind entweder symmetrisch oder komplementär, je nachdem, ob die Beziehung zwischen den Partnern auf Gleichgewicht oder Unterschiedlichkeit beruht.

Mit diesen Axiomen von Watzlawick lassen sich zwischenmenschliche Dialoge analysieren und Ursachen schlechter Kommunikation aufdecken. Umgekehrt können Sie natürlich Ihre Kommunikation verbessern, wenn Sie die Grundregeln berücksichtigen.

Wenn Sie sich äußern, jemandem etwas mitteilen, senden Sie Ihre Nachricht sozusagen auf mehreren „Kanälen" gleichzeitig, wie Friedemann Schulz von Thun in seinem „Quadrat der Nachricht" differenziert:

- Auf dem *„Sachkanal"* vermitteln Sie den eigentlichen Sachverhalt, die Information, um die es Ihnen geht. Hier können Sie im Grunde nur verbal funken. Um auf diesem Kanal richtig verstanden zu werden, müssen Sie sich einfach ausdrücken und mit kurzen sowie klaren Sätzen Ihre Argumente möglichst geordnet vortragen. Beherzigen Sie den Grundsatz „In der Kürze liegt die Würze". – Ein komplizierter Satzbau gehört dagegen zur Selbstoffenbarung. Denn er dient viel mehr dem Prestige des Redners, als dem Verständnis des Zuhörers.

- Durch den *„Selbstoffenbarungskanal"* geben Sie etwas von sich preis, von Ihren Fähigkeiten, Ihren Gedanken, Ihrem Charakter, Ihrem Befinden und Ihren Gefühlen. Dies kann gewollt (als Selbstdarstellung) oder ungewollt (als Selbstenthüllung) geschehen. Sie schaffen jedenfalls eine emotionale Bindung, weil Ihr Zuhörer etwas persönliches von Ihnen erfährt. Hierbei kann Ihnen ein Stil helfen, der den Zuhörer anregt und emotional berührt. Dann wird er Ihre Nachricht auch auf diesem Kanal aufnehmen.

- Auf dem *„Beziehungskanal"* bringen Sie Ihren Respekt vor dem Gesprächspartner zum Ausdruck, Ihre Ansicht von ihm und Ihre Ansicht von Ihrer Beziehung zu ihm (oder natürlich ihr). Die Wellenlänge dieses Kanals entscheidet, ob sich Ihr

Gesprächspartner ihnen gleichwertig fühlt. Andernfalls könnte er „abblocken" und Ihre Nachricht nicht aufnehmen (oder falsch verstehen). Hier ist es zum Beispiel auch wichtig, im wahrsten Sinne des Wortes auf Augenhöhe zu gehen sowie passende Formulierungen und einen angemessenen Tonfall zu finden.

- Auf dem *„Appellkanal"* schließlich teilen Sie Ihrem Gesprächspartner mit, was Sie mit Ihrer Äußerung bewirken wollen. Damit geben Sie Ihrer Äußerung erst ihren eigentlichen Sinn.

Auf den drei letztgenannten Kanälen können Sie verbal wie auch nonverbal funken – sich also auch durch Ihre Betonung und Sprachmelodie (zwischen den Zeilen), durch Ihre Mimik und Gestik ausdrücken. Der Empfänger Ihrer Mitteilung wird Sie allerdings nur dann richtig verstehen, wenn er Ihre Nachricht auf allen vier Kanälen in sich stimmig empfängt. Wenn Sie jedoch auf den Kanälen unterschiedlich funken

- weil Sie zum Beispiel mit freudigem Blick erzählen, wie krank Sie sich fühlen,
- weil Sie mit traurigem Blick und herabhängenden Schultern monoton erklären, wie prima es Ihnen geht, oder
- weil Sie Ihre Tür nur halb öffnen und mit abweisendem Ton „Schön Dich zu sehen" sagen,

wird Ihr Gesprächspartner irritiert sein und Ihre Nachricht möglicherweise falsch verstehen. Denn die Beziehungsaspekte einer Kommunikation bestimmen recht wesentlich, wie der sachliche Teil der Äußerung aufgenommen wird.

Wenn Sie beispielsweise zu Ihrem Kind sagen: „Dein Zimmer sieht unordentlich aus!", so

- erklären Sie sachlich, daß Sie in sein Zimmer gesehen haben;
- offenbaren Sie, daß Sie die dortige Ordnung nicht in Ordnung finden (sich darüber ärgern), weil Sie sich für ordentlich(er) halten;

- definieren Sie Ihre Beziehung dahingehend, Ihr Kind anweisen zu können; und
- wollen Sie vielleicht, daß Ihr Kind sein Zimmer aufräumt – also die Dinge (nach Ihrem Ordnungssinn) umräumt.

Ihr Kind wiederum kann Ihre Äußerung recht unterschiedlich deuten:

- Es mag vernehmen, daß in seinem Zimmer einige Dinge herum liegen.
- Es könnte denken, Sie verärgert zu haben.
- Es fühlt sich vielleicht bevormundet oder kontrolliert und „hört" den Vorwurf, nicht ordentlich zu sein.
- Es vernimmt die Aufforderung, seine Dinge in Ihrem Sinn (nach Ihrem Ordnungssinn) umzuräumen.

Als „Star Treck"-Fan werden Sie zuweilen den Satz „Ich habe von Ihnen nichts anderes erwartet" gehört haben. Doch wie ist diese Aussage zu verstehen?

- Stellt der Redner fest, der Angesprochene habe getan, was er von ihm erwartet hat? Oder stellt er fest, der andere habe etwas unterlassen (das von ihm vielleicht Erwünschte nicht getan)?
- Drückt der Redner seine Achtung vor der Leistung des anderen aus? Oder ist er verärgert angesichts dessen Nachlässigkeit (Faulheit)?
- Hat der Angesprochene die Erwartungen des anderen erfüllt? Wird er gelobt oder getadelt, weil der Redner von ihm enttäuscht ist?
- Sollte der Angesprochene noch etwas tun?

Sie sehen, ohne den Zusammenhang zur Handlung, ohne die Gestik und Mimik – die Körpersprache – der Schauspieler, können Sie das Gesagte höchst unterschiedlich deuten. Sie können die Aussage richtig oder falsch verstehen – so, wie sie der Redner gemeint hat, oder aber ganz anders.

Wegen eines fehlenden Zusammenhangs werden auch Politiker immer mal wieder falsch verstanden: zuweilen zitieren Medien sie nämlich nur mit einem Satz, der – ohne den Zusammenhang – dann durchaus nicht unbedingt das wiedergibt, was der Politiker tatsäch-lich gesagt und vor allem gemeint hat.

Vielleicht sind Sie auch der Ansicht, daß Politiker immer wieder bei-spielhaft funken: Wenn sie kommunizieren, können sie wunderbar viel reden, ohne etwas zu sagen. Sie äußern sich nämlich oft nur auf drei Kanälen, während auf dem vierten Kanal – dem Sachkanal – Funkstille herrscht. Nun, Politiker sind eben zuweilen blendende Rhetoriker ... sie blenden mit ihrer Rhetorik.

Auch die Wahlplakate der Parteien finde ich immer wieder beachtenswert: die Parolen sind natürlich unterschiedlich formuliert, enthalten in inhaltlich-sachlicher Hinsicht im Grunde allerdings meistens (nur) die (allgemeine) Aussage „Wir wollen das verbessern", gern auch in emotionalem Zusammenhang. Soweit sind die Thesen unter den Parteien recht austauschbar, die Parteien sich grundsätzlich sogar auch alle einig. Die eigentliche Sachaussage, *wie* etwas verbessert werden soll, fehlt jedoch regelmäßig. Denn da scheiden sich die Geister ... Vielleicht würden die Parteien den Wäh-lern ihre Entscheidung erleichtern, wenn sie konkrete Aussagen tref-fen und sich später auch daran halten würden. (Abgesehen davon: „Was für eine Umweltverschmutzung" meinte mein Sohn in Anbe-tracht der Überlegung, daß die vielen Plakate ja gedruckt und später auch wieder entsorgt werden müssen – auf unser aller Steuerzahler-kosten).

Dafür offenbaren Politiker umso mehr von sich selbst, je hef-tiger sie sich gegenseitig persönlich anfeinden, ohne sachlich zu ar-gumentieren. Denn oft genug scheint es, daß sie sich in gegenseitige Beschimpfungen und persönliche Beleidigungen „flüchten", wenn ihnen die sachlichen Argumente ausgehen und sie inhaltlich nichts (mehr) zu sagen haben ... Trotzdem werden sie von vielen Bürgern immer wieder gewählt – was doch recht gut die unterschiedliche Be-deutung und Wirkung der verschiedenen Kommunikationskanäle verdeutlicht.

Haben Sie dabei nicht auch manchmal den Eindruck, daß die eigene Selbstdarstellung (Selbstinszenierung) den Politikern zuweilen wichtiger zu sein scheint, als das Wohl der Bürger, die sie gewählt haben?

Die Nutzung der sogenannten sozialen Medien zeigt wohl recht deutlich, welch großes Bedürfnis die Menschen danach haben, sich anderen mitzuteilen, sich mit anderen auszutauschen – eben zu kommunizieren. Allerdings birgt die *digitale Kommunikation* auch relativ hohe Risiken für Mißverständnisse. Denn wenn wir digital kommunizieren, tun wir dies zwar auf verschiedenen Frequenzen, aber eben nicht auf allen Kanälen der Kommunikation. Wir können uns nur schriftlich äußern, jedoch nicht durch unsere Körpersprache. Es ist daher immer besser, persönlich miteinander zu reden, als „digital". Ganz abgesehen davon muß ich hier nochmal Georg Wilsberg zitieren:

„Richtige Freunde gibt's nur im richtigen Leben."

Spannend und interessant finde ich es übrigens auch, das möchte ich in diesem Zusammenhang noch kurz anmerken, die Sprachmelodie verschiedener Personenkreise und Berufsgruppen näher zu verfolgen. Hören Sie doch einmal genauer hin, wenn zum Beispiel

- Politiker der verschiedenen Parteien auf Wahlveranstaltungen reden,
- Geistliche von der Kanzel predigen,
- Moderatoren eine Sportveranstaltung kommentieren oder
- wenn sich Sportler nach dem Wettkampf im Interview zu ihrer Leistung äußern.

Die Sprachmelodie, die Art zu reden, klingt doch jeweils recht ähnlich. Da machen zuweilen dann allenfalls die Inhalte der Aussagen einen Unterschied ...

2. *Die Teilnehmer der Kommunikation*

Jede Kommunikation hat immer mindestens zwei Beteiligte: einen, der sich äußert, und einen, der die Äußerung aufnimmt:

- einer, der sendet – und dabei wohl meistens auch redet, und
- einer, der empfängt – der zuhört und wahrnimmt.

Wobei diese Rollen während einer Unterhaltung naturgemäß laufend getauscht werden.

Damit sich Gesprächspartner richtig verstehen, müssen zwischen ihnen die Wellenlängen aller Kommunikationskanäle gleich sein. Beide müssen sich folglich der verschiedenen Kanäle der Kommunikation bewußt sein, weil beide immer und auf allen Wellenlängen funken und empfangen – wenngleich auch situationsbedingt nicht immer jedem Kanal die gleiche Gewichtung zukommen wird.

Sie kennen vermutlich Bernhard-Viktor Christoph-Carl von Bülow alias Loriot? Seine Sketche basieren immer wieder auch darauf, daß die Personen aneinander vorbei reden, ohne sich wirklich zuzuhören und aufeinander einzugehen. Die Szenen bieten somit prächtige Beispiele für schlechte Konversation. Und auch die folgende (meines Wissens allerdings nicht von Loriot stammende) Unterhaltung verläuft nicht wirklich optimal:

„Schatz, willst du mit mir joggen?"
„Findest du etwa, daß ich zu dick bin?"
„Du mußt nicht mit, wenn du keine Lust hast."
„Dann hältst du mich also für faul?"
„Nein, nun reg dich doch nicht gleich auf!"
„Ach, hysterisch bin ich auch noch!?"
„Das meine ich doch gar nicht."
„Dann bin ich also ein Lügner?"
„Du kannst auch einfach zu Hause bleiben."
„Nein, warte, weshalb willst du denn allein laufen?"

Seien Sie also immer darauf bedacht, *aktiv* an der Kommunikation teilzunehmen. Denn sonst werden Sie kaum auf allen Kanälen senden und empfangen:

- Wenn Sie sich äußern sollten Sie sich als **Sender** (Redner) körperlich und geistig Ihrem Zuhörer zuwenden, Blickkontakt aufnehmen und Ihre Aussagen durch entsprechende Gestik und Mimik unterstützen. Schildern Sie den Sachverhalt aus Ihrer Sicht, also Ihre Wahrnehmungen („Ich sehe/höre/fühle ...") und vermeiden Sie Verallgemeinerungen („man/wir ..."). Drücken Sie Ihre durch das Geschehene in Ihnen hervorgerufenen Gefühle sowie Ihr Verständnis für den anderen aus und schildern Sie anschließend Ihr Bedürfnis und damit das konkrete Verhalten, um das Sie Ihren Gesprächspartner bitten.

- Auch und gerade wenn Sie die Rolle des **Empfängers** (Zuhörers) inne haben, sollten Sie sich dem Redner zuwenden, damit er sich beachtet und gehört fühlt. Halten Sie Augenkontakt, achten Sie auf die Körpersprache und lenken Sie sich nicht mit anderen Dingen ab. Lassen Sie Ihren Gesprächspartner ausreden, unterbrechen Sie weder seine Rede noch seine Pausen. Fragen Sie jedoch nach, wenn Ihnen eine Aussage unklar ist. Zeigen Sie Interesse und Verständnis (z. B. durch zustimmendes oder verständnisvolles Nicken) und wiederholen Sie ruhig mit Ihren Worten das Vernommene.

Die vorgenannten „Regeln" sollten Sie übrigens auch berücksichtigen, wenn Sie *telefonieren*. Ihr Gesprächspartner (oder Ihre Gesprächspartnerin) sieht dann zwar nicht, ob Sie ihm Ihre ungeteilte Aufmerksamkeit schenken, aber er wird es an Ihrem Tonfall hören. Er wird auch durchs Telefon wahrnehmen, ob Sie ihn freundlich lächelnd ansehen, mürrisch oder ärgerlich.

Auf Ihren Tonfall wird es sich im übrigen zudem positiv auswirken, wenn Sie während eines Telefonates aufstehen und umher gehen (natürlich nicht so, daß Sie außer Atem geraten). Außerdem verschaffen Sie sich damit auch gleich etwas zusätzliche Bewegung und bauen eventuellen Streß ab.

Außerdem sollten Sie Ihren Gesprächspartner (nicht nur am Telefon!) natürlich immer erst nett und freundlich begrüßen, ihn mit

seinem Namen anreden und ihm abschließend noch einen angeneh-
men Tag wünschen.

(Sehen Sie es mir bitte nach, wenn ich nicht immer männliche *und*
weibliche Formen gleichzeitig verwende. Selbstverständlich möchte
ich dadurch Sie als Leserin nicht weniger wertschätzen. Mir geht es
dabei einzig um die Lesbarkeit des Textes, Ihren Lesefluß, und somit
um das bessere Verständnis.)

3.   Die Antwort

Wenn Ihnen jemand etwas sagt, werden Sie antworten. Vielleicht,
weil der Sender dies von Ihnen erwartet (nachdem er Ihnen eine Frage gestellt hat), vielleicht aber auch intuitiv. Jedenfalls werden Sie
reagieren und somit auch antworten – mit Worten sowie mit Ihrer
Mimik und Gestik.

In jedem Fall sollte Ihre Antwort für den Gesprächspartner
positiv sein, damit (er/sie) die Unterhaltung nicht abbricht, sondern
Sie beide in Kontakt bleiben. Denn Kommunikation beruht auf Ge-
genseitigkeit, auf gegenseitiger Rückmeldung.

Nehmen Sie daher das Anliegen des anderen ernst. Widersprechen Sie nicht und leugnen Sie das Ihnen Erzählte auch nicht:
denn Sie waren nicht dabei und wissen nicht, was daran wahr ist,
oder was vielleicht nicht. Die nicht erzählte Geschichte hinter der er-
zählten Geschichte weist Sie jedoch auf das tatsächliche Bedürfnis
Ihres Gesprächspartners hin.

Bevor Sie jemandem antworten, sollten Sie ihm (oder ihr) auf allen
vier Kanälen der Kommunikation zuhören. Und Sie müssen sich darüber klar sein, daß sich Ihre Reaktion, Ihre Antwort, daraus ergibt,

- was Sie wahr nehmen (sehen und/oder hören),
- wie Sie das Wahrgenommene interpretieren (deuten), und
- was Sie infolge dessen fühlen.

Ihre Interpretation des Wahrgenommenen kann richtig oder falsch sein – dessen müssen Sie sich bewußt sein. Denn Ihre Antwort ist immer *Ihre* Antwort, mithin *Ihre* Interpretation des von *Ihnen* Wahrgenommen.

Womit allerdings die Gefahr gegeben ist, daß Sie nicht auf einen anderen Menschen reagieren, wie er ist und was er sagt, sondern auf Ihre Vorstellung (Interpretation) davon. Antworten Sie daher möglichst „gewaltfrei":

1. Ich sehe, daß ... (du den Kopf schüttelst).
2. Ich vermute deshalb, daß ... (du nicht einverstanden bist).
3. Ich bin daher ... (enttäuscht), weil ... (ich dachte, daß dir mein Vorschlag gefällt).

Wenn Sie Ihre Antwort so dreiteilen, kann Ihr Gesprächspartner überprüfen, ob Sie seine Aussage und/oder sein Verhalten auch so verstanden haben, wie er es meinte. Andernfalls kann er seine Äußerung richtig stellen.

Auf diese Weise können Sie im übrigen auch *Feedback* geben, also Kritik äußern, ohne daß diese gleich als Kritik gehört und aufgefasst wird:

- Was haben Sie wahrgenommen?
- Wie fühlen Sie sich daraufhin?

Beziehen Sie sich immer auf Ihre Wahrnehmungen und Ihre Gefühle, statt auf eine vermeintlich „falsche" Äußerung, Mimik oder Gestik. Dann erfährt Ihr Gesprächspartner, wie er mit seiner Äußerung und/oder seinem Verhalten angekommen ist, ohne daß er sich damit jedoch kritisiert fühlt, weil Sie ihn bewerten.

Der Schein trügt eben zuweilen. Oder, wie Marcus Aurelius es formulierte:

> *„Alles, was wir hören, ist eine Meinung,*
> *keine Tatsache.*
> *Alles, was wir sehen, ist eine Perspektive,*
> *nicht die Wahrheit."*

Wenn Sie antworten, sind Sie dann in der Rolle des Senders: jetzt müssen Sie auf allen Kanälen der Kommunikation senden, so, daß Ihr Empfänger Ihre Nachricht richtig versteht. Und auch Sie senden dabei *immer* auf *allen* Kanälen.

4.   Das „Ja" hinter einem „Nein"

In jedem „Nein" kann übrigens zugleich ein „Ja" stecken. Wenn jemand Ihnen gegenüber mit seiner Antwort Ihr Anliegen ablehnt, kann es nämlich durchaus sein, daß er eigentlich „nein, aber wenn ... dann ja" sagen will.

Die Frage ist folglich, unter welchen Umständen (Voraussetzungen) aus dem „nein" ein „ja" werden kann. Fragen Sie daher nach, aus welchen Gründen Ihr Anliegen abgelehnt wird und was Sie tun können, damit Sie Ihre Bitte doch erfüllt bekommen.

Natürlich gilt das Vorstehende auch umgekehrt, wenn Sie jemandem gegenüber dessen Anliegen ablehnen. Und Sie müssen anderen Menschen durchaus nicht jederzeit jeden Gefallen erfüllen (s. o. die „Fünf-Minuten-Regel). Wenn Ihnen das eigentlich „gegen den Strich" gehen würde, täte es Ihrem Wohlbefinden nämlich nicht gut. Dann sollten Sie ruhig selbst einmal „nein" sagen. Denn Ihr „inneres Nein" weist Sie auf ein Bedürfnis hin, das Sie selbst haben und das Sie dem Bedürfnis Ihres Mitmenschen nicht einfach unterordnen wollen und auch nicht unterordnen sollten.

- Mit Ihrer Körpersprache werden Sie sowieso „nein" sagen und Ihr Gesprächspartner wird dieses „nein" sicherlich wahrnehmen ... mindestens unbewußt, vielleicht auch bewußt.

Doch erklären Sie möglichst immer, aus welchem Grund Sie die Erfüllung des Wunsches – grundsätzlich oder vielleicht auch nur gerade jetzt – ablehnen. Erläutern Sie Ihre Gefühle. Vielleicht finden Sie – gemeinsam – dann doch noch zu einem „Ja".

5. Das „Dankeschön"

Eine Antwort kann natürlich auch ein „Dankeschön" enthalten. Das ist immer schön und ein Dank kann große oder nur eine kleine Wirkung entfalten. Darüber entscheiden Sie mit Ihrer Formulierung. Wenn Sie einem „Dankeschön" eine größere Wirkung zuteil werden lassen wollen, erreichen Sie dies, indem Sie

1. zunächst schildern, auf welches Ereignis Sie sich mit Ihrem Dank beziehen,
2. erklären, daß Sie sich darüber freuen und dankbar sind, und schließlich noch
3. erläutern, aus welchem Grund Sie erfreut sind, welches Ihrer Bedürfnisse erfüllt worden ist:

Wenn Sie diese Zeilen lesen, werden Sie mein Buch gekauft haben. Dafür bin ich Ihnen dankbar und es erfreut mich, (nicht nur, weil es ein wenig mein Konto füllt, sondern vor allem) weil es mein Anliegen ist, mit meinen Ausführungen zur Verbesserung Ihres Wohlbefindens beizutragen.

Mit einem solchen Dank (entsprechend der Gewaltfreien Kommunikation, auf die ich einige Seiten später noch eingehen werde) kann Ihr Gönner Ihr Glück nachvollziehen. Denn Sie bringen so Ihre Wertschätzung nicht nur zum Ausdruck, um etwas zu bekommen, sondern Sie werten seine Geste auf, weil Sie Ihre Wertschätzung deutlicher zum Ausdruck bringen, als mit einem einfachen „Dankeschön".

Dadurch wiederum wird sich Ihr Mitmensch selbst auch glücklicher fühlen – und Ihnen gegenüber fortan freundlicher gesinnt sein … denn Sie erinnern sich: wer anderen einen Gefallen tut, tut immer auch sich selbst einen Gefallen.

V.   Schaffen Sie sich ein entspanntes Umfeld

Zu einem glücklichen und zufriedenen Leben gehört ein friedliches Umfeld. Und darauf haben Sie mehr Einfluß, als Sie vielleicht ahnen. Sie können nämlich auf die Menschen einwirken, mit denen Sie zusammen leben. Nicht nur durch Ihr eigenes Verhalten diesen gegenüber, sondern auch auf deren Verhalten untereinander und zueinander. Sie können vermitteln und schlichten – zwischen Ihren Kindern, die sich gerade streiten wollen, zwischen Verwandten, Freunden und Bekannten, die sich nicht recht verstehen, oder zwischen Kollegen, die „nicht miteinander können" (und vielleicht das ganze Betriebsklima und damit auch Ihr Befinden negativ beeinflussen). Umgeben Sie sich mit glücklichen Menschen, dann sind auch Sie selbst glücklich.

Erinnern Sie sich zunächst ruhig noch einmal daran und bedenken Sie, daß alle Menschen immer und grundsätzlich in dem Bestreben handeln, sich selbst besser – glücklich(er) – zu fühlen ... und nicht, um Sie oder andere zu ärgern oder um Ihnen oder anderen zu schaden. Wenn auch deren Handeln zuweilen ungute Gefühle bei anderen verursacht. Denn es drängt jeden Menschen, wie im übrigen auch jedes andere Lebewesen, sich seine Bedürfnisse zu erfüllen.

Dabei sollten wir die „Warnungen" von Marshall B. Rosenberg, dem Begründer der Gewaltfreien Kommunikation, berücksichtigen und uns von bestehenden Denkstrukturen befreien:

- Unsere Kultur „lehrt" uns, daß Bedürfnisse negativ und zerstörerisch seien. Wir bezeichnen Menschen als „bedürftig", wenn wir sie für unfähig oder unreif halten.
- Wer seinen Bedürfnissen Ausdruck verleiht, wird zu oft als „selbstsüchtig" abgestempelt und das persönliche Fürwort „ich" wird zu (vor)schnell mit Egoismus und Bedürftigkeit gleichgesetzt.

- Unsere Sprache dient uns zudem vielfach dazu, Dominanz gegenüber anderen Menschen auszuüben.

Umso wichtiger ist es, mit den eigenen Bedürfnissen vertraut zu sein und in Kontakt mit sich selbst zu stehen. Schenken Sie sich immer wieder selbst Empathie und werden Sie sich Ihrer eigenen Gefühle und Bedürfnisse bewußt.

Bedürfnisse

sind allen Menschen gemeinsame Erfahrungen von Gefühlen. Sie gründen in einem Verlangen, einem Wunsch, nach dem (oft materiellen) zum Leben Notwendigen. Wobei die Menschen tatsächlich gar nicht so viel grundlegende Bedürfnisse haben, wie es scheint. Gerade materielle Dinge dienen oft mehr dazu, anderen gegenüber anzugeben. Forrest Gump, im gleichnamigen Film von Tom Hanks gespielt, hatte das erkannt:

„Jeder Mensch braucht nur eine gewisse Menge Geld.
Alles darüber hinaus ist Angeberei!"

Dem Angeben liegt natürlich ebenfalls ein Bedürfnis zugrunde (allerdings kein lebensnotwendiges). Und das Wort „Geld" kann in dieser Aussage gewiß auch durch diverse andere Begriffe ersetzt werden, durch viele Gegenstände, die wir mit Geld kaufen ... einen Sportwagen, zum Beispiel: er ist meist kostspielig, sein Aussehen reine Geschmackssache und er eignet sich oft nur eingeschränkt zum täglichen Gebrauch – dafür aber eben umso besser zum Angeben.

Wobei, das sei bei dieser Gelegenheit angemerkt, ohnehin viele Autos auch mit der Hälfte ihrer Motorleistung noch gut bewegt werden könnten. Und weniger Leistung bedeutet weniger Verbrauch und damit auch weniger Abgase. Eine einfache Rechnung, und bekanntlich macht's die Menge. Verbrennungsmotoren einfach durch Elektromotoren ersetzen zu wollen und trotzdem gleichwertige Fahreigenschaften zu erwarten, ohne jedoch die Fahrzeuge grundlegend anders (insbesondere wesentlich leichter) zu konstruieren, erscheint mir dagegen keine zukunftsweisende Alternative zu sein. Zumal der damit anfallende, über den derzeitigen Strombedarf nicht unwesentlich hinausgehende Mehrbedarf ja auch noch gedeckt werden müßte. Und auch die Frage der umweltfreundlichen Herstellung und späteren Entsorgung der unzähligen Akkus sehe ich noch ebenso unbeantwortet.

Bedürfnisse lassen sich *unterscheiden* in körperliche und seelische, in materielle und immaterielle Bedürfnisse sowie

- nach ihrer Rangordnung: in primäre (triebbedingte/lebensnotwendige, z. B. nach Wasser und Nahrung) und sekundäre (von anderen Faktoren abhängige) Bedürfnisse,
- nach ihrer Dringlichkeit: in Grundbedürfnisse, deren Befriedigung zum Überleben notwendig ist (z. B. Nahrung, Erholung, Gesundheit), und Luxusbedürfnisse (deren Befriedigung das Leben zwar angenehmer gestaltet, aber zumeist anderweitig nachteilig ist), sowie
- nach der Art ihrer Befriedigung: in individuelle oder kollektive Bedürfnisse (die durch einzelne oder nur durch eine Gemeinschaft befriedigt werden können).

Die *Bedürfnisse aller Menschen sind grundsätzlich gleich* – unabhängig von ihrer Herkunft und Kultur, ihrer Hautfarbe, dem Alter, der Bildung, den Fähigkeiten und Talenten, den religiösen oder sonstigen (Welt-) Anschauungen. Am deutlichsten zeigt sich dies bei den lebensnotwendigen Grundbedürfnissen nach Atemluft, Trinkwasser und Nahrung.

Die den Bedürfnissen gegenüber stehenden emotionalen Reaktionen (wie Freude oder Trauer, Überraschung, Wut oder Furcht, Ekel oder Verachtung) sind ebenfalls bei allen Menschen gleich – und führen daher auch bei allen Menschen zu der gleichen Mimik.

Das Bedürfnis nach **Frieden** dürfte wohl ebenso allen Menschen gemeinsam sein. Vielleicht ist es neben den lebensnotwendigen Grundbedürfnissen sogar eines der allen Menschen „gemeinsamsten" Bedürfnisse. Denn wer nicht in Frieden leben kann, kann wohl auch kaum wirklich glücklich sein und sich wohl fühlen.

Selbst von Kriegsopfern und deren Hinterbliebenen ist immer wieder zu hören, daß sie keine Rache oder Vergeltung wollen, sondern Versöhnung und Frieden. Und traumatisierte Kriegsveteranen sind noch lebende Zeitzeugen dafür, daß Menschen nicht für den Krieg „gemacht" sind.

Krieg dagegen scheint doch eher von Machthabern gewollt, die sich aus ihren – politischen, wirtschaftlichen oder religiösen – Gründen *ihr* Bedürfnis (ihre Sucht) nach Macht und Geld erfüllen wollen und dabei weniger auf die Bedürfnisse ihrer Bürger achten. Dabei wären diese Machthaber eher machtlos, wenn sich die Bürger auf ihre eigenen Bedürfnisse konzentrieren würden, statt „ihren" Machthabern deren Bedürfnisse erfüllen zu wollen – Erinnern Sie sich noch an den Spruch

- „Stell Dir vor, es ist Krieg, und keiner geht hin.""?

Vielleicht sollten wir heutzutage umdenken. Treffender wäre vielleicht die Aussage:

- „Stell Dir vor, es ist Frieden! Und alle machen mit."

Machthaber täten vermutlich gut daran, die Leserbriefe in den Tageszeitungen zu ihrer Pflichtlektüre zu wählen. Denn Leserbriefe spiegeln im allgemeinen recht gut die Bedürfnisse der Bürger wieder, ihre Sorgen, Ängste und Nöte.

Auch sind hier Verallgemeinerungen meiner Ansicht nach zu oft fehl am Platz. Immer wieder berichten die Medien von „angespannten Verhältnissen" oder „politischen Spannungen" zwischen verschiedenen Ländern. Ich frage mich dann immer, welches Verhältnis denn eigentlich angespannt sei: das der Bürger oder das der Regierungen? Oder sind derartige Behauptungen eher Erfindungen der Rüstungsindustrie zur Rechtfertigung ihrer Produktionen?

- Mir fällt dazu ein Interview mit Altkanzler Gerhard Schröder ein, der über recht persönliche Begegnungen mit freundlichen und den Deutschen gegenüber aufgeschlossenen Russen erzählte …

- Auch kann ich mich an einen lang zurückliegenden Familien- urlaub in Frankreich erinnern, während dessen sich mein Va- ter gefühlte Stunden mit einem älteren Franzosen sehr ange- nehm und dabei völlig unangespannt „über Gott und die Welt" unterhalten hat. Weshalb auch nicht: beide waren zwar im Krieg und mußten damals Feinde sein, aber beide hatten den Krieg nicht gewollt …
- Während eines anderen Urlaubs, auf einer kleinen griechi- schen Insel, zog ein Freund meines Vaters los, weil er nur eben ein paar Briefmarken kaufen wollte. Erst nach rund zwei Stunden kam er zurück: er hatte einen Griechen kennen ge- lernt, der während des Krieges in seiner deutschen Heimat- stadt stationiert war, und sie hatten Erinnerungen ausge- tauscht …
- Kennen Sie persönlich Franzosen, Italiener, Spanier, Türken, Griechen, Amerikaner, Russen, … zu denen Sie ein „ange- spanntes Verhältnis" haben?

Vielleicht waren ja auch die „indianischen Verhältnisse" nicht die schlechtesten, als die Häuptlinge ihre Krieger anführten und in vor- derster Front selbst Gefahr liefen, schon vom ersten Pfeil des Geg- ners getroffen zu werden. Heute sitzen die „Häuptlinge" im Falle des Falles in relativ sicheren Bunkern, weitab vom Schußfeld …

Nebenbei bemerkt wäre es für den Frieden auf Erden sicher auch vorteilhaft, wenn allseits der alte völkerrechtliche Grundsatz wieder Beachtung fände, daß sich kein Land in die internen Angele- genheiten eines anderen Landes einmischen soll …

Schließlich und ebenso nebenbei bemerkt könnten die Regie- rungen des Bundes und der Länder auch eine weitere Chance nutzen, um Frieden zu stiften – indem sie die Trennung von Staat und Kir- chen konsequenter vollziehen und den geradezu verfassungswidrigen Religionsunterricht reformieren:

- Nach Artikel 7 unseres Grundgesetzes ist der Religionsunter- richt in den öffentlichen Schulen ordentliches Lehrfach und soll in Übereinstimmung mit den Grundsätzen der Religionsgemeinschaften erteilt werden (somit jedoch nicht zwangsläufig auch durch diese).

- Nach Artikel 3 sind alle Menschen gleich zu behandeln, so daß insbesondere auch niemand wegen seiner religiösen Anschauungen benachteiligt oder bevorzugt werden darf.

Daraus folgt im Grunde doch die Verpflichtung des Staates, den Religionsunterricht in seinen Schulen konfessionsübergreifend und konfessionsunabhängig zu erteilen, also alle schulpflichtigen Kinder gemeinsam, neutral, objektiv und gleichermaßen über die Grundzüge aller bekannten (oder jedenfalls in Deutschland vertretenen) Religionen zu unterrichten. Immerhin wurden und werden Kriege immer wieder im Namen eines Gottes geführt und Religionen zur Kriegsführung mißbraucht. Gegenseitiges Verständnis für andere Anschauungen und deren Toleranz können gewiss zum besseren Verständnis der Religionen beitragen, die Integration fördern und folglich Konflikte vermeiden ...

- Mit der Frage „Lohnt es sich heute eigentlich noch, in der Bibel zu lesen?" gingen neulich Angehörige einer Religionsgemeinschaft von Haus zu Haus. Sie wollten wohl mit den Menschen ins Gespräch kommen. Ich war versucht, sie zu fragen, ob Sie schon Marshall B. Rosenbergs Bücher über Gewaltfreie Kommunikation oder auch das Buch gelesen hätten, das Sie gerade in Händen halten?

Ganz abgesehen davon: meinen Sie nicht auch, daß Religionen ohnehin anachronistisch erscheinen? Sie predigen die Alleinherrschaft (Monarchie oder gar Diktatur), während sich viele Gesellschaften weltweit demokratisch entwickeln. „Ich bin der Herr, dein Gott. Du sollst nicht andere Götter haben neben mir." bestimmt bereits das erste Gebot der Bibel. Womit Gott über jeden Zweifel erhaben ist und nicht infrage gestellt werden darf. Außerdem sei Gott gütig und allmächtig ... dennoch finden sich in nahezu jeder Tageszeitung Beispiele, die geeignet sind, Zweifel daran aufkommen zu lassen.

Doch zurück zu unserem eigentlichen Thema: Alle denkbaren weiteren Bedürfnisse – zum Beispiel nach Sicherheit, sozialen Kontakten, nach Anerkennung, Achtung oder Freiheit – unterscheiden sich ebenfalls nicht nach der Person, ihrer Herkunft, Hautfarbe oder ihrem Alter. Und auch die mit den (unerfüllten) Bedürfnissen verbundenen Ängste sind allen Menschen gemein. Deshalb läßt sich zwischen Menschen über ihre Bedürfnisse, den ihnen zugrunde liegenden Gefühlen sowie den gegenüber stehenden Ängsten immer gegenseitiges Verständnis und damit eine Verbindung herstellen.

Bedenken Sie weiter, daß unsere Gesellschaft grundlegend davon ausgeht, daß *alle Menschen gleich(wertig)* sind (Artikel 3 des Grundgesetzes). Folglich und ebenso grundsätzlich sind dann auch die *verschiedenen Bedürfnisse* der Menschen als *gleich(wertig)* anzusehen und anzuerkennen.

Bedürfnisse sind nicht negativ!

Um nun das Miteinander zu verbessern müssen Sie erkunden, aus welchen Motiven Ihre Mitmenschen handeln. Sie müssen sich an ihren jeweiligen Befindlichkeiten orientieren und erfahren, welche Bedürfnisse sie haben, die sie mit ihrem Verhalten befriedigen möchten ... was ihnen zum Glücklichsein fehlt. Dann können Sie überlegen, was Ihre Mitmenschen benötigen, um sich wieder wohl und glücklich zu fühlen, und wie sie dies bekommen können, ohne andere dadurch unglücklich zu machen.

Agieren Sie „teilnehmerorientiert" (kundenorientiert, mitarbeiterorientiert, ...) – orientieren Sie sich an den Bedürfnissen Ihrer Mitmenschen, richten Sie sich nach deren Befindlichkeiten, Wünschen und sonstigen Belangen.

- Wer ist beteiligt?
- Welche Erwartungen und Bedürfnisse werden diese Beteiligten haben?

Sie dürfen sich des Dankes sowie der „Mitarbeit" Ihrer Mitmenschen gewiß sein. Denn Bedürfnisse (genauer: die Aussicht auf deren Befriedigung) motivieren und mobilisieren.

Ein „Schlüssel" zur Vermittlung in Disputen liegt natürlich zunächst in der „richtigen" Kommunikation, die auf den vorangegangenen Seiten bereits Gegenstand meiner Ausführungen war. Eine weitere Möglichkeit stellt die sogenannte Gewaltfreie Kommunikation dar.

Die *Gewaltfreie Kommunikation* meint allerdings nicht das, was Sie jetzt vielleicht gerade spontan denken. Denn es geht bei der gewaltfreien Kommunikation nicht (nur) darum, miteinander zu reden, *ohne* sich dabei den Kopf einzuschlagen oder sonst körperlich zu verletzten. Mit der gewaltfreien Kommunikation sollen vielmehr bereits „geistige Verletzungen" vermieden werden.

Neurobiologische Untersuchungen belegen, dass verbale Gewalt genauso negative Folgen für die Gesundheit eines Menschen haben kann, wie körperliche Gewalt. Psychische Verletzungen – zum Beispiel durch Beschimpfungen, Beleidigungen oder dauerhafte Abwertung (Geringschätzung) – führt zu wissenschaftlich meßbaren und mindestens so starken Veränderungen im Körper wie körperliche Gewalt. Mit der Gewaltfreien Kommunikation soll daher insbesondere *Gewalt mit Worten* vermieden werden. Denn Gewalt beginnt ja bereits im Denken:

„Achte auf Deine Gedanken, denn sie werden Worte.
Achte auf Deine Worte, denn sie werden zur Tat."

Zur *Gewalt* im Sinne der Gewaltfreien Kommunikation zählt daher alles, was mit Druck oder Zwang, Über- und Unterordnung, mit Demütigung, Manipulationen oder Vorschreibungen zu tun hat – unabhängig vom jeweiligen Kommunikationskanal.

Die Gewaltfreie Kommunikation erleichtert es, auch in emotional geladenen Situationen *mit*einander zu reden und sachlich zu diskutieren, statt sich persönlich anzufeinden. Es gilt, sich ohne Schuldzuweisungen auszudrücken und die Aufmerksamkeit auf die jeweils eigenen Gefühle und Bedürfnisse zu lenken. Ziel der Gewaltfreien Kommunikation ist, daß alle Beteiligten mit ihrem jeweiligen

Standpunkt, ihrem Befinden und ihren Bedürfnissen gehört werden und gemeinsam zu einer *für alle* tragfähigen Lösungen gelangen.

In der gewaltfreien Kommunikation soll daher eine Wortwahl vermieden werden, mit der andere Menschen oder deren Verhalten bewertet und/oder verurteilt werden. Untersuchungen zufolge besteht nämlich ein erheblicher Zusammenhang zwischen bestimmten „gewalttätigen" Wörtern und gewalttätigen Vorfällen: Es soll in Gesellschaften, in denen sich die Menschen mit Begriffen menschlicher Bedürfnisse äußern, deutlich weniger Gewalt geben.

Aggressive Ausdrucksformen haben gerade während der letzten Jahre zugenommen. Und sie senken nicht nur die Schwelle zu ihrer Verwendung weiter, sondern machen Menschen aggressiv. Gespräche eskalieren und führen schließlich zu körperlicher Gewalt. Im anonymen Internet werden aggressive, beleidigende oder gar hasserfüllte Formulierungen noch leichter verwendet. Diese sprachliche Verrohung führt zunehmend zu respektlosem Umgang und schließlich zu gewalttätigem Handeln.

„Achte auf Deine Worte, denn sie werden zur Tat."

Dieser Zusammenhang hat neurologische, mithin nachweisbare Hintergründe. Denn der Teil des menschlichen Gehirns, der die Sprache produziert, liegt nahe dem Teil, in dem Handlungen geplant werden.

Zudem treten die uns Menschen angeborenen Urinstinkte mit ihren beiden zugrunde liegenden Gefühlen hier wieder zutage – die Evolution läßt grüßen: Wer sich bedroht fühlt, empfindet entweder

- Angst und reagiert mit Flucht, oder fühlt
- Wut und reagiert mit Angriff (bzw. Verteidigung).

Wer aggressiv angesprochen wird, wird folglich seinerseits aggressiv reagieren. Ein kooperatives, förderliches, produktives Miteinander ist dann kaum noch möglich. Eine gewaltfreie und wertschätzende Sprache kann dagegen viel bewirken.

Dabei schließen sich Sprache und Handeln durchaus nicht gegenseitig aus, sie stehen in keinem „entweder-oder-Verhältnis". Die

Sprache kann nicht nur Gewalttaten vorbereiten oder eben auch verhindern, sondern bereits selbst Gewalt ausüben, sie kann kränken, verletzten oder beleidigen. Daher gibt es auch keine klare Trennung zwischen Reden und Handeln: wenn wir zum Beispiel um etwas wetten, etwas versprechen oder einen Vertrag kündigen, handeln wir zugleich. Die jeweiligen Worte bewirken bereits das, was wir sagen.

Bereits unsere *alltägliche Wortwahl* zeigt vielfältig gewalttätige Züge. So hat sich eine „Streitkultur" ausgebildet, auf die wohl niemand wirklich stolz sein kann. Hören Sie sich doch einmal um: mit Sprache können wir schimpfen, verletzten, beleidigen, verachten, demütigen, herabsetzen oder drohen … Politiker streiten und kämpfen um Macht und alles mögliche ... Parteien greifen sich an, Wirtschaftsunternehmen ebenfalls … Politiker zeigen sich angriffslustig und kämpfen im Wahlkampf und mit Kampfabstimmungen um Wählerstimmen ... Kanzlerkandidaten liefern sich im TV-Duell einen Schlagabtausch ... in Verhandlungen wird der Druck erhöht ... Politiker wie Sportler fordern und/oder zeigen Kampfgeist ... Unternehmen kämpfen um Marktanteile ... führen Preiskämpfe ... es werden Arbeitskämpfe geführt ... es gibt sportliche Wettkämpfe, Zweikämpfe und Kampfsport ... überall wird angegriffen oder verteidigt, gefordert und verlangt statt kooperiert und gebeten.

Gerade das allseits geforderte Wachstum führt überall zu Konkurrenzkämpfen – weil offenbar auch niemand zu der Einsicht gelangt, daß Wachstum zwangsläufig und immer auf Kosten und somit zum Nachteil anderer erfolgt und demgegenüber Stabilität für das Wohlergehen aller besser ist. Die Dinge – egal welche! – müssen ausgewogen und im Gleichgewicht sein. Sonst ergibt sich eine Fehlbilanz, wie Michael Kunze treffend und vielschichtig in einem Text reflektierte, den wiederum Udo Jürgens zum gleichnamigen Lied vertont hat.

Was auf die Gewalt mit Worten zutrifft, dürfte – nebenbei bemerkt – wohl gleichermaßen auf die Gewalt mit *Waffen* zutreffen. Mit der Wahrscheinlichkeitsrechnung läßt sich recht leicht belegen:

- Je mehr Waffen in einer Gesellschaft im Umlauf sind, umso häufiger wird Gewalt mit Waffen ausgeübt werden.
- Je leichter sich Menschen Waffen beschaffen können, umso mehr Menschen werden Waffen besitzen.
- Und je gewöhnlicher und alltäglicher der Besitz von Waffen ist, desto alltäglicher wird auch deren Benutzung. Die Hemmschwelle wird sinken, die Waffen auch zu benutzen.

Dabei vermittelt der Besitz von Waffen andererseits im Grunde doch immer nur eine trügerische Sicherheit. Opfer von Anschlägen konnten sich meines Wissens mit ihren eigenen Waffen noch nie wirklich schützen.

1.   *Gewaltfrei kommunizieren*

Gewaltfreie Kommunikation ist natürlich Kommunikation. Erinnern Sie sich daher bitte zunächst noch einmal an meine Ausführungen auf den vorherigen Seiten zur Kommunikation. Diese werden Ihnen den Zugang zur Gewaltfreien Kommunikation erleichtern.

Gewaltfreie Kommunikation ist nicht wirklich kompliziert, die Anwendung ist Übungssache. Ähnlich wie das Erlernen einer Fremdsprache: je länger Sie sich damit beschäftigen und je mehr Sie üben, desto besser werden Sie. Denn Sie müssen umdenken, Ihre innere Einstellung und Ihre tief sitzenden Denkbahnen, Reaktions- und Sprachmuster verändern. Das benötigt seine Zeit. Doch die Übung macht ja bekanntlich den Meister. Und Ihre ersten Erfolgserlebnisse werden sich vermutlich schnell einstellen, da bereits die Umsetzung nur einzelner Elemente zu spürbaren Ergebnissen führt. Marshall B. Rosenberg stellte dazu fest:

> *„Alles, was es wert ist, getan zu werden,*
> *ist es auch wert, unvollkommen getan zu werden."*

Die gewaltfreie Kommunikation vereint Aufrichtigkeit mit Verständnis und Wertschätzung. Sie erfordert eine Wahrnehmung auf *allen*

„Kanälen" der Kommunikation und konzentriert die Sachebene und die Beziehungsaspekte der Kommunikation in zwei Fragen:

- Was ist gerade los – in mir *und* in Dir?
- Was würde jetzt – mein *und* Dein – Wohlbefinden verbessern?

Die Beantwortung dieser beiden Fragen erfolgt durch drei Schritte und führt im vierten zu den möglichen Lösungen:

1. Die Beobachtung und *Wahrnehmung* des Geschehens – das Ihre Gefühle auslöst.
2. Der Ausdruck der *Gefühle* – die durch das von Ihnen Wahrgenommene ausgelöst wurden und die Ihre erfüllten oder unerfüllten Bedürfnisse spiegeln.
3. Der Ausdruck Ihrer *Bedürfnisse*.
4. Die Formulierung einer konkreten und zeitnah umsetzbaren *Bitte* zur Erfüllung Ihrer Bedürfnisse.

Diese vier Schritte müssen Sie zunächst für sich selbst durchdenken, um sich darüber klar zu werden, was *Sie* brauchen, um *Ihr* Wohlbefinden zu verbessern. Anschließend bedenken Sie die vier Punkte aus der Sicht Ihres jeweiligen Gesprächspartners, um sich darüber klar zu werden, was *er* oder *sie* für *sein/ihr* Wohlbefinden benötigt.

(1) Zunächst gilt es, das, was wir hören und sehen, nur aufzunehmen, ohne es gleich zu bewerten. Sie müssen sich also auf Ihre **Wahrnehmungen** (Sie erinnern sich?) konzentrieren: was haben Sie gesehen, das von einer Kamera aufgenommen werden könnte, was haben Sie gehört. Sie müssen Ihrem Gesprächspartner zunächst schildern, was Sie wahrgenommen haben, damit er weiß, worauf Sie sich beziehen.

Wenn Sie Ihre Wahrnehmungen hier mit einer Bewertung vermischen, kann Ihre Äußerung leicht als Kritik mißverstanden werden. Und dann wird Ihr(e) Gesprächspartner(in) in den „Kampfmodus" verfallen – also angreifen und sich verteidigen oder flüchten. Er (oder sie) wird jedenfalls die Ohren schließen und Sie werden mit hoher Wahrscheinlichkeit nicht dazu kommen, über Ihre beiderseitigen Gefühle und Bedürfnisse miteinander zu sprechen, um sich letztere zu erfüllen und damit beide Ihr jeweiliges Wohlbefinden zu verbessern.

(2) Sodann müssen Sie sich der **Gefühle** bewußt werden, die in Ihnen durch Ihre Wahrnehmungen ausgelöst wurden, und diese ausdrücken. Vermeiden Sie dabei Formulierungen wie „ich habe das Gefühl, daß ...". Denn sie weisen regelmäßig weniger auf echte Gefühle hin, sondern eher auf Ihre Bewertungen. Wenn Sie jedoch sagen können „ich bin ...", wird es sich eher um ein wirkliches Gefühl handeln.

Auch allgemeine Angaben, wie zum Beispiel sich „gut" oder „schlecht" zu fühlen, lassen Ihren Gesprächspartner eher im Ungewissen darüber, wie Sie sich tatsächlich fühlen. Sie tragen daher kaum zur Besserung Ihres Befindens bei. Benennen Sie Ihr jeweiliges Gefühl daher möglichst konkret.

Sie sollten auch keine Bedenken haben, durch den Ausdruck Ihrer Gefühle eine Verletzlichkeit offen zu legen. Weil der Vorteil klar überwiegt:

- Durch die eindeutige und deutliche Benennung der Gefühlslage läßt sich wesentlich leichter miteinander in Kontakt treten.
- Und der „Schmerz", Ihre Gefühle offen zu legen, wird ungleich erträglicher als der „Schmerz" sein, den Sie ertragen müssen, wenn Sie Ihre Gefühle – und auch die daraus folgenden Bedürfnisse – geheim halten.

Jedenfalls auf Dauer gesehen. Erkennen und akzeptieren Sie daher Ihre Gefühle und die dahinter stehenden Bedürfnisse. Und bedenken Sie, daß das, was andere tun oder sagen, zwar Auslöser Ihrer Gefühle sein kann, jedoch nie deren Ursache. Diese werden Sie in Ihren Bedürfnissen finden.

(3) Die Gefühle spiegeln erfüllte oder unerfüllte *Bedürfnisse*. Aus Ihren Gefühlen – und denen Ihrer Mitmenschen – können Sie daher die unerfüllten Bedürfnisse ableiten. Auch Kritik, Urteile und Bewertungen enthalten oft – indirekt – geäußerte Bedürfnisse:

- Die Äußerung „Du hörst mir nie zu" zum Beispiel kann darauf hinweisen, daß jemand ein Bedürfnis nach Aufmerksamkeit hat.
- Und der Vorwurf „Du kommst immer so spät nach Hause" kann bedeuten, daß ein Bedürfnis nach Nähe unerfüllt ist.

In diesem dritten Schritt der Gewaltfreien Kommunikation werden Sie sich daher Ihrer Bedürfnisse bewußt und teilen diese Ihren Mitmenschen mit. Entscheidend ist, daß Sie Ihre Bedürfnisse äußern und *nicht* darüber reden, was jemand anderes tun oder unterlassen sollte. Denn damit würden Sie eher Widerstand hervor rufen. Vor allem in der Gewaltfreien Kommunikation ungeübte Gesprächspartner werden Ihre Bedürfnisse hinter Klagen nämlich kaum heraus hören.

Auch vor der Äußerung Ihrer Bedürfnisse sollten Sie nicht zögern oder sich „schuldig" fühlen. Ihre Bedürfnisse für sich zu behalten wird Ihr Wohlbefinden nämlich nicht verbessern.

Wenn Sie Ihre Bedürfnisse äußern, werden diese vielleicht im Widerspruch zu den Bedürfnissen anderer stehen und Sie daher auf Widerstand stoßen. Aber es wird Ihnen auf Dauer besser gehen, sich darüber mit Ihren Mitmenschen auseinander zu setzen, statt Ihre Bedürfnisse für sich zu behalten, um Ärger zu vermeiden, und mit den unerfüllten Bedürfnissen auskommen zu müssen. Wenn Sie jedoch Ihre Bedürfnisse aussprechen und gleichzeitig die Bedürfnisse Ihrer Mitmenschen respektieren, weil diese gleichwertig sind und Sie sich Ihre Bedürfnisse nicht auf Kosten anderer erfüllen, werden Sie und auch Ihre Mitmenschen zufriedener sein.

(4) Da Sie Ihre unerfüllten Bedürfnisse erfüllt haben möchten, müssen Sie Ihrem Mitmenschen schließlich sagen, um welche konkrete Handlung Sie ihn *bitten*, damit Ihr Bedürfnis erfüllt wird. Auch hier zahlt es sich nun aus, wenn Sie zuvor Ihre Gefühle *und* Bedürfnisse klar mitgeteilt haben. Denn wenn Ihr Zuhörer Ihre Bitte mit Ih-

ren Gefühlen und Bedürfnissen in Verbindung bringen kann, wird er diese auch als Bitte verstehen, und nicht als Forderung auffassen. Und er wird Ihrer Bitte dann auch aus ehrlichem Verständnis, freiwillig, nachkommen.

Andernfalls könnte Ihr Gesprächspartner Ihre Bitte als Forderung mißverstehen. Dies insbesondere dann, wenn er den Eindruck bekommt, beschuldigt oder bestraft zu werden, falls er Ihrer Bitte nicht nachkommt. Ihr Gesprächspartner würde auf eine solch fordernde Bitte mit Gegenwehr oder mit Unterordnung reagieren und sie dann allenfalls aufgrund von Schuldgefühlen erfüllen, die Sie mit Ihren Vorwürfen oder Anschuldigungen hervorgerufen hätten. Es liegt auf der Hand, daß sich dies kaum günstig auf Ihre beiderseitige Beziehung auswirken kann. Ziel der gewaltfreien Kommunikation ist schließlich, Beziehungen aufzubauen, nicht jedoch, andere Menschen und deren Verhalten zu ändern oder den eigenen Willen gegen den Willen anderer durchzusetzen.

Formulieren Sie in Ihrer Bitte die konkrete und positive Handlung (oder Unterlassung), um die Sie jemanden bitten. Sagen Sie, was Ihr Mitmensch konkret tun soll, damit sich ihr Bedürfnis erfüllt. Wenn Sie demgegenüber Ihre Bitte negativ formulieren, kann diese irritieren oder gar Widerstand hervor rufen. Und wenn Sie nur Ihre Gefühle ansprechen, wird vielleicht nicht klar, welches Bedürfnis Sie erfüllt haben möchten.

- „Komm bitte heute Abend vor acht Uhr nach Hause, damit wir zusammen essen können." ist besser, als die vage und somit unklare Äußerung
- „bleib nicht so lang im Büro!".

Sie erinnern sich: unsere Ohren können ein „nein" und ein „nicht" nur schlecht hören. Je klarer und verständlicher Sie Ihre Bitte äußern, umso wahrscheinlicher wird es, daß sich Ihr Bedürfnis auch erfüllt.

So sind zum Beispiel die diversen Verbotsschilder schlecht formuliert, auf denen nur steht, was man nicht tun soll. Besser und sicher nicht weniger effektiv wäre es vermutlich, das gewünschte Verhalten darauf zu schreiben. – Auf englischen Straßenschildern ist zu lesen: „Thank you for driving carefully".

Weitere Beispiele für schlecht formulierte Bitten können Sie vermutlich tagtäglich in Ihrem Umfeld und in den Medien finden. Denn immer wieder und in allen gesellschaftlichen Bereichen wird Kritik geübt, also gesagt, was nicht gewollt ist. Besser wäre es, wenn die Beteiligten konkret darlegten, wer was tun sollte, damit sich die jeweilige Situation für die Betroffenen bessert.

Kritik spiegelt natürlich die hinter ihr liegenden Bedürfnisse. Würden diese Bedürfnisse jedoch als Bitte im Sinne der Gewaltfreien Kommunikation formuliert, statt als Kritik, kämen die Beteiligten gewiss eher zu konstruktiven und sachgerechten Lösungen.

- Denn *Kritik* führt in aller Regel zunächst einmal zu Widerstand, zu einer Abwehrhaltung, mit der es sich gar nicht gut kommunizieren läßt.
- Gleiches trifft im übrigen auch auf *Drohungen* zu: jemand, der sich bedroht fühlt, wird ebenso in eine Abwehrhaltung verfallen und „abblocken". Auch hier zeigt sich nämlich wieder der Urinstinkt unserer Ahnen, unsere genetische Programmierung, auf eine bedrohliche Situation mit Flucht oder Angriff (also Abwehr bzw. Verteidigung) zu reagierten.

Wer bedroht wird, wird daher in der Regel keine Bereitschaft mehr zeigen, auf die Forderung einzugehen, die mit der Bedrohung durchgesetzt werden soll. Wird diese Forderung jedoch als Bitte aufgrund eines Bedürfnisses kommuniziert, ist der Bedrohte Gebetener und hat als solcher keinen Grund „abzublocken". Er kann (und wird daher) auf das Anliegen eingehen, darüber nachdenken und frei über seine Reaktion/Antwort entscheiden.

Kommen wir als *Beispiel* noch einmal auf das „unordentliche" Zimmer Ihres Kindes zurück. Hierzu könnten Sie anmerken:

- „Dein Zimmer sieht ziemlich unordentlich aus. Du mußt das unbedingt aufräumen!" Vielleicht gar gefolgt von einem drohenden „Sonst ...".

Vermutlich werden Sie dann jedoch feststellen, daß Sie und Ihr Kind unterschiedliche Vorstellungen darüber haben, was genau „unordentlich" ist, was überhaupt und was wie „aufgeräumt" werden sollte. Objektivierbar ist das nämlich nicht, sondern reine Ansichtssache. Formulieren Sie daher konkret:

- „Ich habe gerade gesehen, das in deinem Zimmer noch zwei Hosen, einen Pullover und zahlreiche Legosteine herumliegen. Das ärgert mich. Ich wäre auch fast auf die Steine getreten und hätte mir vielleicht weh getan. Du selbst könntest ebenfalls darauf treten und dir dabei weh tun. Das möchte ich jedoch gern vermeiden. Würdest du also bitte die Klamotten in die Wäschetonne und die Legosteine in die Spielzeugkiste räumen."

Andere „Mißstände", wie beispielsweise den „unordentlichen" Schreibtisch Ihres Kollegen, können Sie natürlich genauso ansprechen.

Nachdem Sie sich also klar geworden sind, was Ihnen fehlt und wie Sie dies bekommen können, kommen wir jetzt zur **„zweiten Hälfte" der Gewaltfreien Kommunikation**. Durchdenken Sie die vier Punkte

- Beobachtung,
- Gefühl,
- Bedürfnis und
- Bitte

nun aus der *Perspektive Ihres Gesprächspartners* (oder natürlich Ihrer Gesprächspartnerin). Versetzen Sie sich dazu in ihn (oder sie) und überlegen Sie,

- was er wahrgenommen haben wird,
- wie er sich deshalb fühlen wird,
- welche Bedürfnisse er haben wird und
- was Sie jetzt und konkret tun können,

um *seine* Situation zu verbessern. Sie müssen die Perspektive und Sichtweise Ihres Mitmenschen einnehmen, sozusagen in seine Haut schlüpfen. Eine indianische Redensart besagt:

„Urteile nie über einen anderen,
bevor du nicht einen Mond lang
in seinen Mokassins gegangen bist. "

Ihre Fähigkeit zur Empathie ist gefragt, damit Sie wirklich auf einen anderen Menschen eingehen können – und dieser auch auf Sie. Denn Ihre Mitmenschen werden sich Ihnen gegenüber nur dann für ein Gespräch wirklich öffnen, wenn sie merken, daß auch Sie ihnen offen gegenüber treten. Und nur dann werden Sie deren jeweilige Anliegen auch tatsächlich aufnehmen und verstehen.

Wie wir ja bereits erkannt haben, erfolgen wesentliche Teile unserer Kommunikation ohne Worte, allein über den Tonfall und die Körpersprache, die Mimik und Gestik, wobei Ihre innere Einstellung und Haltung zum Ausdruck kommt. Ihre innere Einstellung und wohlwollende Absicht ist jedoch ebenso wichtig, damit Sie empfindsam *alle* Signale eines anderen Menschen empfangen können, die dessen Wohlbefinden, seine Gefühle und seine Bedürfnisse betreffen und zum Ausdruck bringen.

Ihre Gedanken beeinflussen Ihre Worte ... und Ihre Taten. Begegnen Sie Ihren Mitmenschen daher immer mit dem gleichen Respekt. Gerade denjenigen, die nicht so privilegiert oder die gar vom Leben benachteiligt sind. – Sie können Ihre Haltung im Selbstversuch trainieren: Reden Sie bewußt, freundlich und aufgeschlossen mit dem Kellner im Restaurant, mit dem Busfahrer oder Ihrem Taxifahrer, mit der Aufsicht im Museum, der Reinigungskraft, dem Müllmann … mit jenen Menschen, die oft „übersehen" werden und mit denen „man sonst eher nicht spricht". Reden Sie nicht nur mit dem Chef, sondern auch mit dem Angestellten. Ich bin ziemlich sicher, daß Sie feststellen werden, daß Ihnen solche Unterhaltungen Freude bereiten und Sie sich anschließend irgendwie „gut" fühlen werden!
Damit bringen Sie zugleich Ihre **Wertschätzung** zum Ausdruck. Sie lassen Ihre Mitmenschen wahrnehmen, daß Sie diese (be-) achten und respektieren. So verbessern Sie Ihr beiderseitiges Selbst-

wertgefühl und Wohlbefinden. Ein freundlicher Gruß, ein paar nette Worte, das genügt oft schon, um nette Menschen kennen zu lernen und mit ihnen ins Gespräch zu kommen. Solche Unterhaltungen, mögen sie auch noch so kurz und die Menschen Ihnen noch so fremd sein, werden mehr zu Ihrem Wohlbefinden beitragen, als Sie sich vielleicht gerade vorstellen können. Probieren Sie es aus!

Wertschätzung ist sowieso nicht zu unterschätzen. Denn Wertschätzung sorgt unmittelbar für Veränderungen in Ihrem Umfeld und macht Sie glücklicher. Außerdem gibt es wohl kaum eine Möglichkeit, mit weniger Aufwand mehr Bindung zu erzielen – ob zu Kunden, Lieferanten, Mitarbeitern, Kollegen, Freunden oder Lebenspartnern, Kindern ...

Wer sich von Ihnen geschätzt fühlt, wird Sie schätzen.

Der Begriff **Empathie** kommt vom englischen „empathy" (Einfühlung) und griechischen „pathos" (Gefühl). Unter Empathie versteht man allgemein die Fähigkeit und Bereitschaft, die Gedanken, Gefühle *und* Emotionen anderer Menschen wahr zu nehmen, zu erkennen, sie zu verstehen und darauf einzugehen. Die Fähigkeit zur Empathie ist grundsätzlich angeboren und kann daher schon bei kleinen Kindern beobachtet werden (z. B., wenn sich diese vom Lachen oder auch vom Weinen anderer Kinder anstecken lassen). Dabei ist die Empathie durchaus nicht mit Mitgefühl und Mitleid gleichzusetzen, weil die Empathie umfassender ist:

- *Mitgefühl* meint das Mitfühlen der Gefühle anderer und führt regelmäßig zu Trost und/oder Hilfe.
- *Mitleid* meint die gefühlte Anteilnahme am Schmerz oder Leid anderer.

Empathie läßt sich in verschiedene Formen unterteilen:

- *Kognitive* Empathie läßt uns erkennen, was andere Menschen denken.
- *Emotionale* Empathie läßt uns fühlen, was andere fühlen.

- Mit *sozialer* Empathie gelingt es uns, das Verhalten komplexer Systeme (z. B. von Menschengruppen) zu verstehen und zu beeinflussen.

Sie können umso empathischer auf andere eingehen, je offener Sie für Ihre eigenen Emotionen sind. Eine gute Selbstwahrnehmung ist daher eine Voraussetzung für Ihre Empathiefähigkeit.

Auch wird es Ihnen nur dann gelingen, wirklichen empathischen Kontakt mit anderen Menschen herzustellen, wenn Sie Ihre vorgefaßten Meinungen und (Vor-) Urteile abgelegt haben. Kritik und Schuldzuweisungen, Beleidigungen, Vergleiche und Bewertungen sind Formen einer Verurteilung. Und Sie erinnern sich: Vorurteile sind Urteile und wer ein Urteil gefällt hat, ist nicht mehr wirklich offen für weitere Wahrnehmungen!

Je ausgeprägter Ihre Empathie ist, desto enger und besser können sich Ihre persönlichen Beziehungen zu anderen Menschen entwickeln und umso mehr Vertrauen werden Sie genießen. Der schweizerische Schriftsteller Carl Spitteler stellte hierzu fest:

„Menschen zu finden, die mit uns fühlen und empfinden,
ist wohl das schönste Glück auf Erden."

Im Sinne der Gewaltfreien Kommunikation sind Sie empathisch, wenn Sie nicht allein auf die Worte hören, mit denen andere Menschen ihr Anliegen ausdrücken, sondern entscheidend auf deren Beobachtungen, Gefühle, Bedürfnisse und Bitten achten. Es geht nämlich nicht um die Frage, wer „schuld" ist. Es geht darum, möglichst viel über den anderen zu erfahren, um ihn und sein Anliegen besser zu verstehen.

Konzentrieren Sie sich also auf *alle* Kommunikationskanäle und somit darauf, was andere brauchen, statt nur darauf, was andere (über Sie) denken und sagen. Dann werden Sie in den Aussagen anderer Menschen deren Gefühle und Bedürfnisse hören und keine Angriffe auf Sie und/oder Ihr Verhalten, keine Kritik und keine Beleidigung. Ein buddhistisches Sprichwort beschreibt die Fähigkeit der Empathie so:

„Tu nicht irgendwas,
sei einfach da.“

Die Empathie umfaßt die Entschlüsselung nonverbaler Botschaften, das Empfinden gleicher Emotionen, das Erleben gleicher Gedanken und Erinnerungen, das Auslösen gleicher physiologischer Reaktionen (z. B. Herzschlag, Schweißausbruch) und das Auslösen helfender oder unterstützender Handlungsimpulse. Mit Empathie erschließen Sie die Motive und Beweggründe anderer Menschen, die sich nicht beobachten lassen, die aber deren Verhalten zugrunde liegen. Und erst mit Empathie können Sie wirklich feststellen, ob jemand Trost oder Hilfe benötigt. Denn mit Empathie empfangen Sie die wirkliche Botschaft des anderen.

Wenn Sie merken, daß die Anspannung Ihres Gesprächspartners nachläßt und/oder sein Redefluß abnimmt, haben Sie ihm die erforderliche Empathie entgegen gebracht. Nun wird er für das weitere Gespräch bereit sei, so daß Sie auf sein Anliegen eingehen können. Erst wenn die Anzeichen für seinen Streß nachlassen, können Sie daher beginnen zu fragen, ob und wie Sie helfen können. Und dann hören Sie aktiv zu:

- Wiederholen Sie die Aussage Ihres Gesprächspartners mit Ihren eigenen Worten,
- fassen Sie das Gehörte zusammen,
- übersetzen Sie Vorwürfe, Anschuldigungen, Bewertungen und Beschwerden in die dahinter liegenden Gefühle und Bedürfnisse.

Fragen Sie nach und beziehen Sie sich immer wieder auf die *gegenwärtigen* Gefühle und Bedürfnisse, statt auf die Auslöser der Vergangenheit einzugehen.

Und trennen Sie die Gefühle und Bedürfnisse Ihres Gesprächspartners von Ihren eigenen. Ihre eigenen Gefühle melden sich, wenn Sie Sympathie oder Mitleid empfinden, Trost spenden oder beruhigen wollen.

Auch Ratschläge, Verurteilungen, Belehrungen, Bewertungen (mit der Sie Ihre eigene Meinung äußern) oder Erklärungen sind beim empathischen Zuhören fehl am Platz. Denn dann denken Sie (über Ihre mögliche Antwort) und blockieren dadurch Ihre Aufnahmebereitschaft. Zuhören heißt eben zuhören.

In der Gewaltfreien Kommunikation drücken Sie also ehrlich aus, wie es Ihnen geht, ohne jedoch andere zu beschuldigen oder zu kritisieren. Und Sie nehmen empathisch auf, wie es anderen geht, jedoch ohne Kritik oder Beschuldigungen zu hören.

Sie bitten Ihre Mitmenschen klar um etwas, das Ihr Leben bereichern würde, ohne dabei zu fordern. Und Sie nehmen empathisch auf, was das Leben Ihrer Mitmenschen bereichern würde, ohne eine Forderung zu hören.

Mit gewaltfreier Kommunikation können Sie „Brücken bauen" und Menschen verbinden – ganz unabhängig von deren Herkunft, Geschlecht, Hautfarbe und Alter, über alle Kulturen sowie politischen und religiösen Ansichten hinweg.

2. Konflikte klären

Konflikte gehören zu unserem Alltag, weil überall Menschen aufeinandertreffen, die unterschiedliche Ansichten, Meinungen, Werte und (politische, religiöse oder sonstige) Vorstellungen haben. Wir erleben Konflikte als selbst Beteiligte oder als (unbeteiligte) Dritte zwischen anderen. In jedem Fall tragen Konflikte nicht zu unserem Wohlbefinden bei, sondern erzeugen unangenehme Gefühle. Vor allem, wenn wir selbst betroffen sind, machen uns Konflikte unglücklich und auf Dauer auch krank.

Außerdem bergen Konflikte das Risiko der Deeskalation. Sie steigern sich zunehmend, wobei sich mehrere Stufen unterscheiden lassen: Sind die Konfliktparteien zunächst noch in der Lage, sich selbst zu helfen, benötigen sie in den späteren Phasen ihrer Konfrontation Hilfe durch Außenstehende. Kommt es auch dann zu keiner Klärung der Auseinandersetzung, wird es im letzten Stadium der Eskalation nur noch um die gegenseitige Vernichtung gehen – ohne Rücksicht auf (eigene) Verluste! Hilfe ist dann schließlich gar nicht mehr möglich.

Daher sollten wir Konflikte vermeiden oder jedenfalls schnellstmöglich beilegen. Wobei der altbekannte Grundsatz „Was lange währt wird gut" hier regelmäßig unzutreffend ist. Sie müssen schon nachhelfen, damit sich ein Konflikt wirklich löst.

Konflikte werden klassisch vor *Gerichten* ausgetragen. Allerdings werden sie dort nicht unbedingt dahingehend gelöst, den Streit unter den Parteien auch wirklich zu beenden. Denn Juristen unterliegen einem Anspruchsdenken: wer hat was zu vertreten/zu verschulden und wer kann infolge dessen wem gegenüber was fordern. Und ein Gerichtsurteil beendet zwar das Verfahren, hinterläßt jedoch Gewinner und Verlierer. Das ist allenfalls sachdienlich, wenn es darum geht, wer wem einen entstandenen Schaden ersetzen muß.

Auch ein *Vergleich* ist nur die zweitbeste Lösung. Ein gegenseitiges Nachgeben „um des Friedens Willen" verbessert die Situation der Beteiligten nicht, weil die beiderseitigen Bedürfnisse nicht befriedigt werden. Der eingegangene Kompromiss bedeutet, daß beide Parteien (mehr oder weniger) nachgegeben und etwas aufgegeben haben. Es gibt keinen Verlierer und keinen Gewinner. Aber es hat *keine* Partei ihr Ziel erreicht. Niemand ist wirklich glücklich und zufrieden – das jeweilige Wohlbefinden ist allseits nachhaltig gestört.

Besser ist die Beilegung eines Konflikts im Wege der *Mediation*. Sie bietet den Beteiligten die Möglichkeit, unter Verzicht auf Schuldzuweisungen und mit Blick auf die Zukunft *gemeinsam* für *alle* Beteiligte *tragfähige* Lösungen zu finden und damit den Konflikt zeitnah zu beenden. Denn eine Vereinbarung ist (wie jedes Geschäft) nur dann wirklich eine gute Vereinbarung, wenn alle Beteiligten daraus für sich persönlich ihren Vorteil ziehen – egal, welcher Art der Vorteil jeweils ist. *Alle* Parteien haben das Gefühl, gewonnen zu haben.

„Vielen Dank auch, daß Sie mir für das Gemälde
soviel bezahlt haben … doch ehrlich gesagt:
ich hätte Ihnen das Bild sonst auch für die Hälfte verkauft."
„Ach, das ist schon in Ordnung.
Ich hätte Ihnen nämlich auch das Doppelte gegeben."

Insoweit hat die Mediation gegenüber gegenüber anderen Konfliktlö-
sungsmöglichkeiten, insbesondere der gerichtlichen Auseinandersetzung, klare Vorteile. Ein Urteil richtet im ungünstigen Fall sogar
noch mehr Schaden an, weil es Zwietracht sät, statt den Streit zu
schlichten. Denn nach einer gerichtlichen Entscheidung gibt es nicht
nur immer Gewinner und Verlierer. Unter Umständen verlieren sogar
alle Beteiligten (Parteien), dann nämlich, wenn das Gericht einer
Klage nicht in vollem Umfang stattgibt.
    So werden die Parteien durch ein Urteil (endgültig) getrennt.
Die Mediation dagegen verbindet die Beteiligten (wieder) – durch
ihre gemeinsam gefundene Lösung ihre Konfliktes.

Ein *Gerichtsprozeß* arbeitet grundsätzlich die Vergangenheit auf. Er
konzentriert sich auf die geltend gemachten Forderungen und birgt
immer Risiken für *alle* Beteiligte: nur begrenzt kalkulierbare Kosten,
eine unbestimmte Dauer und insbesondere ein *un*vorhersehbares Ergebnis. Vorhersehbar ist nur, daß durch ein Urteil *nie alle* Beteiligten
gewinnen können. Halten wir es daher lieber mit William Shakespeare:

> *„Auf Dinge, die nicht mehr zu ändern sind,*
> *muß auch kein Blick zurück mehr fallen!*
> *Was getan ist, ist getan und bleibt`s."*

Die Nachteile des Gerichtsverfahrens sind die Vorteile des *Mediati-*
onsverfahrens. Dieses orientiert sich an den Interessen *aller* Parteien,
an ihren hinter den Standpunkten und Forderungen stehenden Bedürfnissen, und hat eine zukunftsorientierte Lösung zum Ziel. Ganz
im Sinne Albert Einsteins:

„Mehr als die Vergangenheit interessiert mich die Zukunft,
denn in ihr gedenke ich zu leben."

Die Kosten eines Mediationsverfahrens sind kalkulierbar, die Dauer ist bestimmbar und *kein* Beteiligter wird verlieren, wenn gemeinsam eine Lösung gefunden wird.

Dabei schließen sich das Mediationsverfahren und das Gerichtsverfahren im Grunde gegenseitig aus. Denn wenn eine Mediation erfolgreich endet, ist ein Gerichtsverfahren entbehrlich. Und wenn andererseits die Konfliktparteien keinen gemeinsamen Weg finden, wird ein Gerichtsverfahren die einzige Möglichkeit sein, eine Regelung zu erreichen – wobei diese dann allerdings nicht unbedingt „gerecht" ausfallen muß. Schließlich sind die Gesetze, nach denen Urteile gesprochen werden, allgemein gültig. Ein Gesetz ist immer zur Regelung aller denkbaren Fälle gedacht und nicht dazu, einen konkreten Einzelfall optimal zu lösen. Ein (mir allerdings nicht bekannter) Richter soll einmal gesagt haben:

„Bei mir kann man kein Recht bekommen,
sondern nur ein Urteil."

Eine Mediation ist jedenfalls wohl immer einen Versuch wert. Zumal aus einem Mediationsverfahren eben niemand als Verlierer hervorgehen kann, niemand kann „sein Gesicht verlieren" – selbst dann nicht, wenn die Mediation scheitert. Denn dann ist nicht die eine oder die andere Partei „schuld" am Scheitern, sondern es ist schlicht allen Beteiligten nicht gelungen, gemeinsam eine Lösung zu finden.

Wenn auch vielleicht der erste Eindruck ein anderer zu sein scheint: Ich bin durchaus der Ansicht, daß sich die Tätigkeiten als Rechtsanwalt einerseits und als Mediator andererseits nicht gegenseitig ausschließen, sondern eher gut ergänzen. Denn ein Rechtsanwalt hat die Interessen seiner Mandanten zu vertreten. Je nach Lage des einzelnen

Falles wird ihm dies auf dem einen oder dem anderen Wege besser gelingen. Denn bei den „Interessen" des Mandanten handelt es sich ja im Grunde um seine unerfüllten Bedürfnisse, wenn auch der Mandant diese als Ansprüche oder Forderungen bezeichnet.

Marshall B. Rosenberg soll in diesem Zusammenhang gefragt haben:

„Wollen Sie Recht haben, oder glücklich sein?
Beides zusammen geht nicht. "

Im hier verstandenen Sinn und Zusammenhang liegt ein **Konflikt** immer dann vor, wenn zwei oder mehr Beteiligte unterschiedlich wahrnehmen, fühlen, denken und/oder handeln, unterschiedliche Vorstellungen haben oder Verschiedenes wollen. Als Beteiligte kommen dabei einzelne Personen wie auch Personengruppen in Betracht. Und die Beteiligten müssen nicht immer gleichzeitig auch die vom Konflikt betroffenen sein: so können zum Beispiel die Kinder betroffen sein, wenn die Eltern einen Konflikt miteinander haben.

Um einen Konflikt zu lösen, müssen Sie zunächst erkennen, um welche Art Konflikt es sich handelt und welche Ursache dem Konflikt zugrunde liegt. Denn Konflikte können sowohl auf sachlicher Ebene vorliegen wie auch die Beziehung der Beteiligten betreffen. In jedem Fall sind sie emotional belastend.

- Konflikte *auf der Sachebene* betreffen Fragen der Ziele der Beteiligten, der anzuwendenden Methoden, Strukturen/Organisation oder der Verteilung vorhandener Ressourcen. Die unterschiedlichen Ansichten der Beteiligten beziehen sich jedenfalls auf eine Sache, weshalb der Konflikt klar erkennbar ist. Allerdings steht hinter einem sachlichen Konflikt oft eine Störung in der Beziehung der Beteiligten.
- Bei Konflikten *auf der Beziehungsebene* geht es dagegen um die Beziehungen der Beteiligten, um ihre Bedürfnisse, ihre Rollen und Interessen, ihre Wertvorstellungen, Gefühle und

Ängste. Konflikte auf der Beziehungsebene überlagern regelmäßig den Sachkonflikt.

Der Disput Ihrer Kinder (oder Kollegen) zum Beispiel mag sich sachlich darauf beziehen, wer das größere Kuchenstück bekommt. Dahinter stehen vielleicht jedoch Bedürfnisse nach Gerechtigkeit, Gleichbehandlung und Anerkennung. Die Lösung eines Konflikts muß daher die eigentliche Ursache berücksichtigen, die tatsächlichen Bedürfnisse, Beweggründe und Gefühle der Beteiligten. Andernfalls wird die Lösung nicht tragfähig sein und den Konflikt folglich auch nicht beenden.

Demgegenüber liegen *Problemen* rein sachliche Fragen zugrunde. Diese lassen sich daher sachlich lösen.

Konflikte entstehen übrigens nicht, weil zwei oder mehr Personen unterschiedliche Bedürfnisse haben. Sie entstehen vielmehr dann, wenn sich diese Personen ihre Bedürfnisse mit Strategien erfüllen wollen, die nicht miteinander vereinbar sind, weil die Erfüllung der Bedürfnisse des einen auf die Kosten des anderen geht:

- Wenn Sie zum Beispiel in Ruhe auf Ihrer Terrasse grillen wollen und Ihr Nachbar seinen Rasen mähen möchte, kann das nur dann zum Konflikt führen, wenn Sie beide Ihre Vorhaben zur gleichen Zeit umsetzen (wollen).

Die Lösung eines Konfliktes bedarf somit einer Strategie, die die beiderseitigen Bedürfnisse erkennt und erfüllt, ohne daß dadurch eine der beteiligten Konfliktparteien (aus ihrer jeweiligen subjektiven Sicht) einen Nachteil erleidet.

3. *Fragen kann nicht schaden*

Wenn Sie mit anderen Menschen diskutieren oder zwischen Dritten vermitteln, liegt es an Ihnen, ob Sie das Gespräch *führen* oder nur führen. Denn durch Fragen können Sie eine Diskussion führen, wenn Sie jedoch nicht fragen, könnten Sie vorgeführt werden.

Wer fragt führt,
wer nicht fragt, wird vorgeführt.

Mit den „richtigen" *Fragen* können Sie ein Gespräch moderierend in die von Ihnen gewünschte Richtung leiten, Sie können es strukturieren und steuern. Dabei müssen Sie allerdings grundsätzlich beachten, daß eine Frage umso bedrängender empfunden wird, je kürzer sie ist. Fragen Sie daher nicht so (viel), daß sich Ihr Gesprächspartner bedrängt, genervt oder gar verärgert fühlt. Begegnen Sie ihm auf Augenhöhe und lassen Sie ihm Zeit für seine Antwort.

- Mit *geschlossenen Fragen* erhalten Sie eine kurze, klare Auskunft. Auf geschlossene Fragen kann regelmäßig nur mit einem einfachen „ja" oder „nein" geantwortet werden, vielleicht noch mit einem „vielleicht", im ungünstigsten Fall ein „ich weiß nicht". Die Gefahr dieser Fragen liegt darin, daß „nein" ein ausgesprochen negatives Wort ist, zu negativen Gefühlen und damit zu Widerstand führt. Daher sollten Sie geschlossene Fragen nur dann stellen, wenn Sie wirklich eine klare Antwort haben wollen. Außerdem sollten Sie keine zwei Fragen hintereinander stellen, auf die mit einem „nein" geantwortet werden könnte.
- Etwas mehr Spielraum lassen Sie Ihrem Gesprächspartner mit *Alternativfragen* oder *Vergleichsfragen*. Mit diesen Fragen geben Sie die möglichen Antworten zwar vor, aber die Antwort verlangt mehr als nur ein kurzes „ja" oder „nein".
- Bevorzugen Sie *offene Fragen*, wenn Sie ein Gespräch „in Schwung" bringen wollen (Wer ...? Was ...? Wie ...? Wo ...?). Denn diese Fragen regen zum Nachdenken an, weil Ihr Gesprächspartner auf offene Fragen nicht nur durch ein schlichtes „ja" oder „nein" antworten kann, sondern ausführlicher werden muß.
- Mit *hypothetischen Fragen* öffnen Sie die Gedankengänge für neue Ansätze und Lösungen (Was wäre, wenn ...? Wie wäre es, wenn ...? Nehmen Sie doch einmal an, daß ...?). Denken

Sie an alle grundsätzlich möglichen Ursachen und denkbaren Lösungen.

- Schließlich können Sie *Suggestivfragen* stellen (Sie wissen doch, …?). Mit diesen geben Sie Ihrem Gesprächspartner eine gewisse Antwort vor. Wobei die Gefahr allerdings darin liegt, daß sich Ihr Gesprächspartner „überrumpelt" fühlt, weil ihm die Antwort vorgegeben wird. Wenn Sie ihn jedoch besser kennen und einschätzen können, können Sie eine Unterhaltung mit Suggestivfragen durchaus auf den Punkt bringen, um einen Abschluß zu finden oder die Richtung für die weitere Diskussion zu ebnen.

Greifen Sie auch immer Fragen der Gesprächsteilnehmer auf und geben Sie diese ruhig in die Runde weiter. Sie müssen nämlich nicht jede Frage selbst beantworten (auch nicht fachliche), solange die Antworten von den Beteiligten gemeinsam erarbeitet werden (können). Und wenn Sie gefragt werden, jedoch nicht gleich eine Antwort parat haben, stellen Sie eine *Gegenfrage*.

Bedenken Sie auch, daß es keine „dummen Fragen" gibt, sondern höchstens „dumme" Antworten. Schließlich machen Fragen schlauer. Konfuzius soll das so formuliert haben:

> *„Wer fragt, ist ein Narr für eine Minute.*
> *Wer nicht fragt, ist ein Narr sein Leben lang."*

Außerdem und nebenbei bemerkt: Fragen kosten bekanntlich nichts. Teuer können allenfalls die Antworten sein.

Selbst *Störungen* – zum Beispiel durch klingelnde Telefone – können (sollten!) Sie jederzeit und zeitnah/sofort zum Gegenstand der gemeinsamen Erörterung machen. Greifen Sie diese fragend auf, um so gemeinsam eine Lösung zu finden, mit der mögliche weitere Störungen gleicher Art vermieden werden.

Mit Ihren Fragen sollten Sie sich jedoch grundsätzlich und möglichst immer auf Ihre vorherige Beobachtung sowie Ihre dadurch hervorgerufenen Gefühle und Bedürfnisse beziehen, diese also zunächst offen aussprechen. Auf diese Weise werden sich Ihre Gesprächspartner weniger „ausgehorcht" fühlen, so daß sich eine tiefere Bindung entwickeln kann.

Und vermeiden Sie es möglichst und ebenso grundsätzlich, Ihre Fragen mit dem Wort „warum ..." einzuleiten. Denn ein „warum" wirkt wie ein Angriff und führt Menschen dazu, sich zu rechtfertigen. Fragen Sie besser „wieso ...", „weshalb", „inwiefern ..." oder „aus welchem Grund ...", damit Sie eine Erklärung bekommen, aus der Sie auf die Gefühle und Bedürfnisse schließen können. Oder, noch besser, fragen Sie gewaltfrei: „wie haben Sie sich gefühlt, als Sie wahrgenommen haben, daß ...".

4. Frieden stiften

Nun können Sie nicht nur Ihre eigenen Konflikte klären, sondern auch zwischen Ihren Mitmenschen Frieden stiften. Dafür wenden wir uns noch kurz dem Mediationsverfahren zu:

Die *Mediation* ist ein strukturiertes Verfahren zur Konfliktlösung. Es ist im Mediationsgesetz gesetzlich geregelt. Grundlage des Mediationsverfahrens ist der Mediationsvertrag, den die Konfliktparteien mit dem Mediator abschließen. Kern der Mediation ist die Zusammenarbeit der Beteiligten, ihre Kooperation, unter der Führung und Moderation eines Mediators. Die Konfliktpartner arbeiten gleichberechtigt und „auf Augenhöhe" zweckgerichtet zusammen, um ein gemeinsames Ziel zum allseitigen Nutzen zu erreichen. Da sie ein *gemeinsames* Ziel im Auge haben, kann auch kein einzelner Beteiligter verlieren. Und im Falle einer Einigung gewinnen alle.

Kern der Mediation ist daher, die Gemeinsamkeiten der Beteiligten herauszufinden und sich darauf zu konzentrieren. Denn es gibt meistens mehr verbindende Gemeinsamkeiten, als trennende Ge-

gensätze und Unterschiede. Ganz im Sinne des Schriftstellers Halldor K. Laxness:

> *„Das, was die Menschen trennt, ist wenig,*
> *verglichen mit dem, was sie vereinen könnte. "*

Ich komme hier auf den letzten Seiten noch auf die Mediation zu schreiben, weil diese Ihnen auch außerhalb eines Mediationsverfahrens von Nutzen sein kann. Denn Sie müssen kein(e) Mediator(in) sein oder werden und auch keine(n) Mediator(in) zu einer Schlichtung engagieren. Sie können die grundlegende Strategie des Mediationsverfahrens zur Gesprächsführung selbst immer und überall dort anwenden, wo Sie Frieden stiften wollen, auch ohne daß dies überhaupt auffallen muß: zwischen wie auch gegenüber Ihren Kindern, Ihren Verwandten und Freunden, Ihren Nachbarn, Kollegen, Vorgesetzten, Angestellten. Nehmen Sie dazu gedanklich die Stellung eines Mediators, einer Mediatorin ein ...

Im Verlauf eines Mediationsverfahrens wird der/die Mediator/in zunächst ermitteln, welchen Konflikt es zu lösen gilt. Er wird eine Liste erstellen, die die jeweiligen Positionen und damit Forderungen der Beteiligten enthält. Von diesen Positionen ausgehend lassen sich die dahinter stehenden Bedürfnisse ableiten. Sodann werden denkbare Lösungen zur Erfüllung der Bedürfnisse gesammelt und auf ihre Umsetzbarkeit hin ausgewertet. Abschließend vereinbaren die Beteiligten, welche Lösungsmöglichkeit sie umsetzen.

Damit ein Mediationsverfahren erfolgreich ist, müssen sich alle Beteiligten – die Konfliktparteien wie auch der Mediator – an grundlegende Regeln und Prinzipien halten:

- Zunächst muß die wirkliche *Bereitschaft* bestehen (oder hergestellt werden), zusammen eine Lösung für das Problem zu finden. Denn das Verfahren ist freiwillig und kann jederzeit abgebrochen werden.

- Weiterhin müssen alle Beteiligten verinnerlichen, daß der Mediator zur *Neutralität* und Allparteilichkeit verpflichtet ist. Er führt und unterstützt die Parteien, ohne jedoch Partei zu ergreifen oder eigene Interessen zu verfolgen. Verlangen die Parteien demgegenüber nach einem Richter, ist die Mediation das falsche Verfahren, um ihren Konflikt zu lösen.

- Der Stellung des Mediators entspricht die *Eigenverantwortung* der Parteien für das Verfahren. Nur sie erarbeiten ihre Lösung. Der Mediator unterbreitet daher keine Lösungsvorschläge. Sie können als Mediator(in) fragen und hinterfragen, nur nie raten. – Wobei Sie mit Ratschlägen ohnehin und ganz grundsätzlich zurückhaltend verfahren sollten. Denn ein Ratschlag sollte raten, jedoch nicht schlagen.

- Geboten ist auch, daß alle Parteien gleichermaßen über alle wesentlichen Umstände *informiert* sind und werden.

- Dem entspricht wiederum die Verpflichtung aller Beteiligter zum *Stillschweigen*. Keine Partei darf Interesse daran haben, Dritten über das Verfahren, seine Inhalte und den Ausgang, zu berichten. Es sollte daher vorab vereinbart werden, mit wem die Parteien Rücksprache halten dürfen.

- Schließlich müssen die Beteiligten *ergebnisoffen* verhandeln. Wer eine bestimmte Lösung verfolgt, ist für neue Lösungen nicht offen.

Mediation ist Kommunikation. Insoweit kann ich auf die vorhergehenden Ausführungen – insbesondere zur gewaltfreien Kommunikation – verweisen. Weil jedoch einige Punkte besonders wichtig sind, um erfolgreich Frieden zu stiften, möchte ich auf diese nochmals hinweisen:

- Wesentlich ist zunächst, daß eine *persönliche Beziehung* zwischen den Parteien besteht (oder hergestellt wird). Dazu muß jede Partei erfahren, worum es der anderen geht, welche Bedürfnisse sie hat. Denn Bedürfnisse sind – Sie erinnern sich – Erfahrungen, die jeder Mensch hat, gleich welcher Herkunft. Jede Konfliktpartei muß daher ausreichend zu Wort kommen, um die eigenen Gefühle und dahinter stehenden Bedürfnisse zu schildern. Darauf müssen Sie als Mediator achten und gegebenenfalls entsprechend nachfragen.

- Jeder Beteiligter muß *ausreden* dürfen. Und – umgekehrt – muß jede Partei auch aufmerksam zuhören, um das Befinden und die Bedürfnisse der anderen zu verstehen.
- Weiterhin müssen sich die Konfliktparteien gegenseitig *wertschätzen*. Also ihre persönliche Einstellung gegenüber dem Verhandlungspartner „hinten anstellen" und sich auf das Problem konzentrieren. Sie dürfen keine Vorwürfe erheben, sondern sollen sich auf die eigene Gefühlslage und die festgestellten Bedürfnisse konzentrieren – sie müssen mithin gewaltfrei kommunizieren.

Um überhaupt miteinander ins Gespräch zu kommen, kann es zunächst – auch grundsätzlich, nicht nur in einer Mediation! – erforderlich sein, daß jemand erst einmal „Dampf abläßt", um seinen *Frust, Ärger und Streß abzubauen* und somit sein eigenes *Wohlbefinden zu verbessern*. Wenn Sie also merken, daß ein Gesprächspartner verärgert ist, daß er „Dampf ablassen" und „sich auskotzen" will, lassen Sie ihn.

Denn Sie werden sonst bei ihm mit sachlichen Argumenten, so begründet diese auch sein mögen, auf kein offenes Ohr stoßen. Ihr Gesprächspartner wird auf seinem „Sachohr" taub sein, solange er seinem Ärger Luft läßt. Und er wird wahrscheinlich jede Argumentation zusätzlich noch als Kritik an seiner Person oder seinem Verhalten verstehen – was die Stimmung gewiß nicht verbessern wird.

Hören Sie lieber zunächst aktiv und empathisch zu. Deuten Sie den Ärger in unerfüllte Bedürfnisse um. Hören Sie auf die Bedürfnisse, nicht allein auf die Worte. Und dann, wenn Ihr Gesprächspartner seinen Ärger los geworden ist, können Sie ihn fragen, ob es ihm jetzt wieder besser geht und was ihm sein Ärger gebracht hat. Anschließend werden Sie mit ihm auch wieder sachliche Argumente austauschen und erörtern sowie eine Lösung für die Ursache seines Ärgers finden können.

Menschen sind nicht wirklich glücklich, wenn sie streiten. Doch sie werden glücklich und zufrieden, wenn sie sich *gegenseitig* etwas Gutes tun, einen Gefallen erweisen – wenn (sie) sich ihre jeweiligen Bedürfnisse erfüllen.

So, nun haben Sie also einige Möglichkeiten kennen gelernt, wie Sie Ihr Wohlbefinden verbessern können, um glücklich(er) zu leben:

- wie Sie Ihr *inneres Gleichgewicht* erhalten, um auch in angespannten Situationen klare Gedanken fassen zu können,
- wie Sie Streit und Konflikte *mit* anderen Menschen vermeiden und/oder beilegen,
- wie Sie bei Streit und Konflikten *zwischen* anderen vermitteln können.

Es würde mich freuen, wenn Sie durch die Umsetzung meiner Anregungen positive Erfahrungen machen.

Ihre *innere Haltung* ist entscheidend für Ihr Wohlergehen. Sie prägt Ihre Gedanken, Ihre Worte, Ihre Taten ... Ihr gesamtes Verhalten. Ich möchte Sie daher abschließend nochmals darum bitten, immer wieder daran zu denken, daß *jeder Mensch, jedes Lebewesen, grundsätzlich und jederzeit bestrebt ist, das aus seiner Sicht erforderliche zu tun, um seine eigene Situation, sein Wohlergehen zu verbessern* – und nicht, um Sie zu ärgern oder um Ihnen oder anderen zu schaden.

Heute – hier, jetzt und in diesem Augenblick –
beginnt der Rest Ihres Lebens …
und Sie allein entscheiden,
wie Sie diese Zeit (v)erleben!

PS:

Vermutlich ist Ihnen aufgefallen, daß meine Rechtschreibung wiederum nicht unbedingt der entspricht, die unsere Kinder heute in den Schulen lernen. Ich möchte Ihnen das abschließend noch eben erklären: Meine Rechtschreibung folgt meiner geteilten Meinung und lockeren Einstellung zu Rechtschreibreformen. Ich halte es zwar durchaus für richtig, die deutsche *Rechtschreibung und Grammatik* zu vereinfachen und logisch(er) zu gestalten. So erscheint es zum Beispiel grundsätzlich durchaus vernünftig, weil auch logisch, ein zusammen gesetztes Hauptwort wie „Schifffahrt" ruhig mit drei „f" zu schreiben, da sich durch die Aneinanderreihung der Worte „Schiff" und „Fahrt" nun einmal drei „f" ergeben. Und das Verb „wissen" kann man in der Vergangenheitsform natürlich mit zwei „s" als „wusste" schreiben, statt die beiden „s" durch ein „ß" zu ersetzen.

Doch mir fehlt eine gewisse Konsequenz. Außerdem denke ich gern quer und ändere die Sichtweise, die *Perspektive.* Denn nebenbei bemerkt wäre es vielleicht genauso logisch sinnvoll, Flugzeuge Fliegzeuge zu nennen, denn sie flugen ja nicht, sondern sie fliegen ..... Und ein Weltraumbahnhof sollte Weltraumflieghafen heißen, weil von dort aus keine Schiffe abfahren, sondern abfliegen ..... Und statt der „Eingang" könnte es der „Reingang" heißen, denn man sagt ja auch „reingehen", weil „eingehen" etwas ganz anderes bedeutet ..... Und wir nennen Halbinseln Halbinseln, obwohl die meisten doch eher Dreivierteilinseln sind .....

Auch gibt es rechtschreibreformbedingte Neuerungen, die kaum nachvollziehbar sind und das Verständnis der deutschen Sprache nicht unbedingt erleichtern. Zudem verlangen manche Neuregelungen tatsächlich nach wie vor eine gewisse Kenntnis der deutschen Grammatik: ob zum Beispiel nach einem Komma „daß" mit „ß" oder statt dessen nun mit „ss" geschrieben wird, ist rechtschreibtechnisch im Grunde egal und optisch ohnehin Geschmackssache. Es ergibt sich aber eine völlig andere Bedeutung, wenn man das Wort mit nur einem „s" schreibt.

So bin ich froh, dass die Rechtschreibung rechtlich weder verbindlich ist noch dass deren Nichtbeachtung Sanktionen zur Folge hat. Daher schreibe ich, wie *ich* es gelernt habe und lasse mein Textprogramm mit seiner automatischen Rechtschreibprüfung und -korrektur gewähren (reine Faulheit).

Ich freue mich, daß Sie bis zu meinen letzten Zeilen durchgehalten haben und danke Ihnen abschließend an dieser Stelle für Ihr geneigtes Interesse sowie Ihre Teilhabe an meinen Gedanken.

Wenn Sie sich mit meinen Ausführungen anfreunden konnten, lesen Sie diese doch am besten gleich noch einmal – zur Verinnerlichung. Auch mir haben sich die Zusammenhänge und Wechselwirkungen der einzelnen Themenbereiche erst nach einigem Hindenken wirklich erschlossen. (Ich habe meine Zeilen während des Schreibens selbst ja auch mehrfach gelesen.)

Und sollte Ihnen die Lektüre meiner Zeilen einen Nutzen gebracht haben, dürfen Sie diese gern auch Ihren Verwandten, Kollegen, Freunden und Bekannten empfehlen. Und falls nicht, Ihren Feinden – oder weshalb sollte es denen besser ergehen, als Ihnen?

Quellennachweis und Literaturhinweise:

- Jan Becker: Du kannst schaffen, was du willst – Die Kunst der Selbsthypnose. Piper Verlag, München
- Adam Cash: Psychologie für Dummies. Wiley-VCH Verlag, Weinheim
- Duden
- Dirk W. Eilert: Mimik lesen. Gabal Verlag, Offenbach
- Ilja Grzeskowitz: Mach es einfach – Warum wir keine Erlaubnis brauchen, um unser Leben zu verändern. Gabal Verlag, Offenbach
- Monika Matschnig: Körpersprache verstehen. Gabal Verlag, Offenbach
- Marshall B. Rosenberg: Gewaltfreie Kommunikation – Eine Sprache des Lebens. Junfermann Verlag, Paderborn
- Friedemann Schulz von Thun: Miteinander reden. Rowohlt Taschenbuch Verlag, Reinbek
- Al Weckert: Gewaltfreie Kommunikation für Dummies. Wiley-VCH Verlag, Weinheim
- Ulrich Wolf und Bernd Neumann: Das Antistressbuch. Südwest Verlag, München
- Wikipedia

Für den Fall, daß es Sie interessiert, möchte ich Sie natürlich gern noch auf meine früheren Veröffentlichungen aufmerksam machen:

- **Glücklich (er) leben** *... ist einfacher, als Sie denken!* – Die erste, noch etwas kürzere Ausgabe des Werkes, das Sie gerade in Händen halten.

- **Und Sie?** *Wie denken Sie darüber ...* – Gedanken über Ereignisse und Erkenntnisse des Alltags, die jedem zu denken geben können und sollten.

- **Was soll das ? ? ?** *Quergedacht und nachgedacht* – Die vielleicht noch nicht so ausgereifte Vorausgabe des zuvor genannten Titels.

- **Fabelhafte Tierwelt** – Ausführungen über *unbekannte Lebewesen*, die wohl noch in keiner Publikation erwähnt worden (oder frei erfunden?) sind.

Ihre persönlichen Notizen und Erkenntnisse: